Neue

Kleine Bibliothek 344

Stefan Ripplinger

Kunst im Krieg

Kulturpolitik als Militarisierung

PapyRossa

Zum Titelbild
Dafne B, »Panzersperre«. Das nicht-beauftragte Werk wurde von der Künstlerin selbst finanziert. »Ich setze ein Zeichen für Frieden. Kunst steht für Frieden! Ich stehe für Frieden und sende meine Botschaft von dem Zentrum der Kunst Deutschlands, von der Neuen Nationalgalerie Berlin. Das ist der Ort für zeitgenössische Kunst und ich bin Zeitgenossin und Künstlerin und sehe die Notwendigkeit, HIER UND JETZT ein Zeichen zu setzen.« Die Leitung der Neuen Nationalgalerie forderte Dafne B auf, das Werk unverzüglich zu entfernen. Wir danken der Künstlerin für die Genehmigung zur Reproduktion.

Luxemburger Str. 202, 50937 Köln
Tel.: +49 (0) 221 – 44 85 45
Fax: +49 (0) 221 – 44 43 05
E-Mail: mail@papyrossa.de
Internet: www.papyrossa.de

Umschlag: Verlag, unter Verwendung eines Fotos von Matthias Reichelt
Druck: Interpress

Die Deutsche Nationalbibliothek verzeichnet diese Publikation in der Deutschen Nationalbibliografie; detaillierte bibliografische Daten sind im Internet über http://dnb.d-nb.de abrufbar

ISBN 978-3-89438-836-2

Inhalt

Vorwort

Es gibt viele dumme Gründe für die Verachtung von Intellektuellen, aber auch einen, der sich durchaus begreifen lässt. In Zeiten, in denen die meisten zittern und zagen, leben die Intellektuellen auf. Die Krise ist ihr Elixier auch dann, wenn sie selbst von ihr geplagt werden. Denn erst in der Krise, ja im Untergang gibt sich die Welt ungeschönt zu erkennen. Und etwas zu erkennen, ist nun einmal das oft unbezahlte Geschäft der Intellektuellen.

Wie die meisten meiner Zeitgenossinnen und Zeitgenossen, habe auch ich in der Corona-Zeit gelitten, aber der damals schon absehbare fundamentale Wandel der Gesellschaft faszinierte mich auch. Dass Kunst das fünfte Rad am Wagen ist, wurde höflicherweise selten ausgesprochen. Nun war sie ganz offiziell systemirrelevant geworden. Versetzte ihr das den letzten Stoß? Wie war es möglich, dass das, was früher als Kritik gehätschelt und fetischisiert worden war, nun ausschließlich Irren und Faschisten zugeschrieben wurde? Betäubte die Sorge um sich selbst jede Reflexion, hob sie jeden Abstand auf? Handelte es sich nur um eine vorübergehende Phase? Noch bevor diese letzte Frage beantwortet werden konnte, kam, nach gründlicher Vorbereitung und massiver Aufrüstung vor Ort, der Ukrainekrieg. Und mit diesem Krieg und demjenigen, der ihm folgen sollte, rückte Kunst unversehens wieder ins Zentrum der Aufmerksamkeit. Was sie darf, was sie nicht darf, was sie soll, was sie lassen soll, beschäftigte mit einem Mal die halbe Republik (die andere Hälfte hatte Besseres zu tun).

Zugleich musste die Autoritätshörigkeit, die unter Corona eingeübt worden war, erneut unter Beweis gestellt werden. Ja, nun wurde »Kriegstüchtigkeit« ganz explizit zum Maßstab einer Kultur, die einem im Rückblick fast zivil hätte vorkommen können (was sie selbstverständlich niemals war). Es schien nun, als ob einer, der keine »soldatische Tugend« (Toynbee 1958: 8) demonstriert, sich schon im Abseits befände. Russische Literatur wurde ausgesondert, russische Künstlerinnen wurden ausgeladen, und wie zuvor, unter Corona, applaudierten die Medien sämtlichen Maßnahmen, ja trieben sie an. Kurz, zwar änderte sich alles zum Schlechten, aber nach vielen Jahren änderte sich überhaupt etwas. Es gab nun Gründe, Ereignisse aufzuzeichnen, Zusammenstöße festzuhalten, Analysen zu wagen. So kurierte die Verzweiflung von der Resignation und der Intellektuelle fühlte sich – was die Umstehenden befremdete – in seinem Element.

Doch in Krisenzeiten gehen auch alte Überzeugungen zu Bruch und wird bittere Besinnung erzwungen. Erst im Ukraine-, dann im Gazakrieg musste ich an einige Artikel denken, die ich kurz vor, kurz nach dem dritten Golfkrieg 2003 geschrieben habe. Keiner von ihnen feiert das Militär, keiner von ihnen huldigt der imperialistischen Macht, aber ich hing damals doch der irrigen, ja idiotischen Auffassung an, für die Irakerinnen und Iraker wäre alles besser als das Regime von Saddam Hussein.

Eine Polemik meines Freundes Alfred Schobert (1963–2006) erinnert mich beim Nachlesen an meinen damaligen Unwillen, zwischen linken und rechten Gegnern des Krieges zu unterscheiden. Ob ich damit, wie er meint, ein »Opfer des Intellekts« (Schobert 2009: 96) habe bringen wollen, halte ich zwar für ebenso zweifelhaft wie die Möglichkeit, ich könnte mich heute für die Schriften der Arundhati Roy erwärmen, um die der Streit ging. Aber in solchen Affären gibt die Sache, nicht der Stil den Ausschlag. Kurz, Schobert lag völlig richtig und im Rückblick werde ich mir selbst zum Untersuchungsobjekt.

Schobert spottete gern über meinesgleichen, wir seien »Schöngeister«, und berührte damit einen wichtigen Punkt. Denn nicht die Freude am Krieg – an dessen Spektakel sich noch der Dichter

Guillaume Apollinaire fast kindlich freute –, sondern die Abscheu vor ihm verführt zum Wegschauen. Der Krieg ist weitaus leichter moralphilosophisch denn im Schützengraben zu führen. Und es steht zu vermuten, dass diejenigen, die feierlich und, wie sie glauben, mutig für Bombenlieferungen an die Ukraine oder an Israel eintreten, es keine fünf Minuten in einem Lazarettzelt aushielten, in dem einem Bombenopfer, vielleicht auch noch ohne Anästhesie, Gliedmaßen amputiert werden.

Der vorliegende Essay stellt angesichts dieser grauenhaften Geschehnisse zwei Fragen: Wie kam es, dass ausgerechnet die unter Corona stillgestellte, im Ukrainekrieg zur Fahne gezwungene Kunst den Opinion Leaders im Gazakrieg einen solchen Ärger bereiten konnte? Und wie kam es, dass gerade die früheren Friedensfreunde heute wüste Kriegstreiber sind? Die Antwort scheint zu sein, dass sich beide globalisiert haben: Die Kunst hat sich globalisiert und die nun hegemoniale Klasse hat sich globalisiert. Von dem, was ganz woanders geschieht, können nur noch die Nationalisten behaupten, es ginge uns nichts an. So entsteht militärisches Engagement, so entsteht auch, wenngleich stets angefeindet, antimilitaristisches Engagement.

Doch das ist leider nicht alles. Denn mit der Globalisierung haben sich, nicht etwa in gegenläufiger, sondern in gleichläufiger Tendenz, erneut autoritäre, militaristische, polizeistaatliche Muster durchgesetzt. Internationalismus und Nationalismus schließen sich also nicht kategorisch aus. Nachdem der Staat schon im Absterben begriffen schien, trumpfte er nun wieder auf. Wir beobachten eine imperialistisch, außenpolitisch getriebene Politik bei gleichzeitig verschärftem Autoritarismus im Innern. Damit der Staat aggressiv nach außen wirken kann, müssen daheim alle strammstehen und ihm den Rücken freihalten. Kulturpolitik wird zur Militarisierung.

Treiber dieser Entwicklung sind – das ist die Ironie dieser Geschichte – international, nicht national gesinnte Kräfte. Diejenigen, die die autoritäre Wende herbeigeführt haben, tragen »liberale Gewänder«. (Hauenstein 2024) Zensur üben nicht Klerikalfaschisten und Kommissköpfe, sondern »das linksliberale Bürgertum« (Solty 2024). Wir sind dem Krieg erschreckend nahe gekommen, seitdem nicht mehr die Stahlhelmfraktion, sondern die »feministische Außenpolitik« ihn zu ihrer Sache gemacht hat.

Das Schlachtengemälde sollte, allein schon der besseren Sicht wegen, erst gemalt werden, wenn der Pulverdampf abgezogen ist. Doch interessiert hier die Schlacht weit weniger als der Druck, den die Schlächter auf die Kunst ausüben. Was treibt sie an? In wessen Auftrag handeln sie? Worin besteht ihre Absicht? Ich vertraue darauf, dass mein Suchen nach Erklärungen für andere, die ebenso auf der Suche sind, anregend genug ist – gerade dann, wenn sie zu gegenteiligen Schlüssen gelangen.

Ich bedanke mich bei allen, die sich in diesen oft luftabschnürenden Verhältnissen noch offen austauschen wollten, bei allen, die Kritik noch geduldet haben, namentlich bei Matthias Reichelt, der mich in einer Zeit, in der mir das Zeitunglesen lästig und das Anschauen von Talk-Shows ärgerlich wurde, ich also drauf und dran war, mich zum Schöngeist zurückzuentwickeln, unermüdlich über die marschierende Reaktion unterrichtet und auf diese Weise wachgehalten hat.

Einführung

Kultur der Kriegstüchtigen

»Der Krieg ist eine Arbeit,
die der Mensch am Menschen verrichtet.«
Jean-Paul Sartre
(Sartre 1960: 211)

'S ist Krieg und alle begehren, schuld daran zu sein. Das stellt uns vor eine neue Lage. Doch befinden wir uns vielleicht nicht erst seit dem 27. Februar 2022 in ihr. An jenem Tag kündigte der deutsche Bundeskanzler eine »Zeitenwende« an. Mit dieser Wende war, wie sich bald zeigen sollte, nicht nur eine gewaltige Aufrüstung gemeint, sondern auch eine Abkehr von der Friedensrhetorik der vorangegangenen Jahrzehnte. Das ohnehin verlogene »Nie wieder!« der Sonntagsreden sollte *nie wieder* zu hören sein, von nun an sollte Deutschland nicht mehr, wie bislang, verdeckt, sondern ganz offen Kriegspartei sein.

Nun hat man schon manchen traurigen Staatsmann gehört, der ein »historisches Ereignis«, den »Mantel der Geschichte« und ähnlichen Tinnef wortreich beschwor, aber es war darauf nicht viel mehr gefolgt als dürres Gelächter. Und der Verkünder der »Zeitenwende« war nicht einmal ein eiserner, sondern bloß ein hölzerner Kanzler. Überraschenderweise erntete er mit seiner martialischen Verkündigung aber keinen Protest, sondern großes Hurra. In einer Erklärung einer früher pazifistischen Partei hieß es etwa, es gehe ihr mit diesem Rückbau der Zivilisation noch nicht schnell genug, eine »wirkliche Zeitenwende« sei dringend nötig (Bündnis 90/Die Grünen

2024). Ja, »Kriegstüchtigkeit« wurde zu einer von Macht-Elite und Medien ausgegebenen Tugend, die bereits der Jugend anzuerziehen sei. (Linder 2024) Schon wurde die schrittweise Wiedereinführung der Wehrpflicht erwogen und sondiert, ob es nicht rechtlich möglich wäre, »Forschung und Wissenschaft in den Dienst der Rüstungskonzerne zu stellen« (Solty 2024).

Die Hemmungen fielen rasch. Die grüne Außenministerin erklärte im Januar 2023 gegen jede diplomatische Gepflogenheit: »We are fighting a war against Russia, not against each other« (zit. nach Wohlfahrt/Schillo 2023: 9). Pünktlich zum 20. April 2024 erfuhr man von der bevorstehenden Ausrufung eines »nationalen Veteranentags«. Feuilletonisten, deren einziges Talent vor 2022 darin zu bestehen schien, Party People den kürzesten Weg zur Tanzfläche zu weisen, bewährten sich nun als Streiter wider die »Lumpenpazifisten« (Lobo 2022) oder als Förderer des Kriegsdiensts (Rapp 2023).

Mit der gerade in bürgerlichen Kreisen lange gehegten Auffassung, das »Militär trage nicht zur Verteidigung der zivilen Gesellschaft bei, sondern stehe in einem anachronistischen Verhältnis zu ihr«, ja gefährde deren Prinzipien (Bonacker/Imbusch 2010: 123), war es schlagartig vorüber. Wie eine Feuersbrunst in trockener Steppe verbreitete sich die Militarisierung, erfasste nach und nach alle Bereiche der Gesellschaft, nicht zuletzt die Kunst.

Wenn ihre Regulierung, Drangsalierung und Zensurierung eine Art ist, die Kunst ernst zu nehmen, wurde sie, seitdem der Staat sich kriegstüchtig macht, ernster genommen als jemals zuvor in der Geschichte der Bundesrepublik. Nicht nur flaggten Museen Blau/Gelb, es wurden Künstlerinnen und Künstler, die aus zu Gegnern erklärten Staaten und Bevölkerungen stammen, demonstrativ ausgeladen. Förderungen, Preise und Professuren aller Art standen unter moralischem Vorbehalt, der sich leicht als patriotischer durchschauen ließ. Wer als Künstlerin oder Künstler etwa einen Waffenstillstand im Gazakrieg forderte, galt in machtnahen Kreisen als »Antisemit«, auch wenn er oder sie jüdisch war oder aus Israel stammte (dazu unten mehr).

Eine solche breitflächige Militarisierung hat es, seitdem Karl Liebknecht wegen »Kriegsverrat« ins Zuchthaus kam, nur mehr selten gegeben. Wer aus dem Ersten Weltkrieg humpelte, dem galt »Kriegstüchtigkeit« schwerlich als Ideal. Und auch wenn die Sportpalastrede des Joseph Goebbels uns noch in den Ohren gellt, beteuerten selbst die Nazis lange ihre Friedfertigkeit. Adolf Hitler sagte dem Journalisten Ward Price von der »Daily Mail« am 18.10.1933:

> »Die Behauptung, dass das deutsche Volk sich mit Begeisterung auf den Krieg vorbereite, ist eine uns einfach unfassbare Verkennung des Sinnes der deutschen Revolution. Wir Führer der nationalsozialistischen Bewegung sind fast ohne Ausnahme Frontsoldaten gewesen. Ich möchte den Frontsoldaten sehen, der mit Begeisterung sich für einen neuen Krieg vorbereitet.« (Hitler 1934: 76)

Wenige Tage später, am 28.10.1933, bekräftigte er mit einer Rede in Stuttgart: »Wir kennen den Krieg, wir wollen ihn nicht. Wir wollen arbeiten und unsere Ruhe haben.« (Ebd.) Die Absicht dieser Sätze ist leicht zu durchschauen. Krieg konnten die nicht wünschen, die von jeher ihre Köpfe für ihn hinzuhalten hatten – die Proletarier. Und die Kapitäne der Schwerindustrie zogen es vor, ihre Wünsche im Hinterzimmer zu ventilieren.

Auch die Nazi-Sympathisanten in der Kunstwelt besangen lieber Hitlers Größe als seine Grausamkeit. Der britische Maler und Schriftsteller Wyndham Lewis – als Vertreter des Vortizismus Teil jener Avantgarde, die die Nazis kurz später auszulöschen sich anschickten – behauptete, Hitler sei als Mann des Volkes auch ein »Mann des Friedens« (Lewis 1931: 44), und weiter:

> »Hitler ist alles andere als eine nach vorn stürmende, beschränkte, feuerspeiende, säbelrasselnde, schnauzbärtige Marionette. Ich glaube kaum, dass Hitler, wenn er es könnte, mit Feuer und Schwert ansonsten friedliche Grenzen überträte. Er wird friedlich daheim bleiben, vollauf beschäftigt mit den inneren Problemen des Dritten Reiches. Und was die viel diskutierte Frage

> der ›antisemitischen‹ Politik seiner Partei betrifft, so glaube ich außerdem, dass Hitler, ist er erst einmal an der Macht, mehr Mäßigung und Toleranz an den Tag legen wird.« (Ebd.: 47f.)

Selten hat sich ein Künstler derart präzise geirrt. Er sah seinen Irrtum im Jahr 1939 selbst ein und griff dann Hitler an, aber hielt wacker an seiner protofaschistischen Überzeugung fest, die größten Feinde der Menschheit seien der Marxismus und der Kapitalismus. (Jameson 2008: 179–185) Lewis' frühe Einlassung aber zeugt (wider seine Absicht) gleichermaßen von den völlig berechtigten Befürchtungen des Auslandes wie von der durchaus wirksamen Friedenspropaganda der Nazis.

Krieg gehört zu den ältesten Motiven der Kunst und lässt sich als solches bereits im dritten Jahrtausend vor unserer Zeitrechnung in Mesopotamien und im alten Ägypten nachweisen. Bis ins frühe 17. Jahrhundert gab sich Kunst stets kriegerisch, eine Wende zeichnete sich erst mit Jacques Callots Radierungen *Les Grandes Misères de la guerre* (Das große Elend des Krieges; 1632) ab. (Presiado/Jacob 2020: 11) Diese Wende steht zweifellos mit dem Aufkommen eines Kunstmarktes in Verbindung. Künstlerinnen und Künstler mussten nun nicht mehr Hof oder Kirche, also den kriegführenden Mächten, gefallen, sondern der Käuferschaft, die einen durchaus andern Blick auf die Welt einnehmen konnte. Brandschatzung oder Plünderung und Marodeure, die die Bevölkerung massakrieren oder foltern – wie später bei Francisco de Goya begegnen wir bei Callot allen bis dahin bekannten Schrecken des Krieges. Auch wenn danach noch manches heroische Kriegsbild das Gemüt der Pantoffelhelden erheben sollte, nahm die Freude am Gemetzel in dem Maße ab, in dem technische Überlegenheit und Materiallage über den Sieg entschieden.

Zwar gab es auch im 20. Jahrhundert, das das industrielle Töten einführte, noch Kriegsbegeisterung in der Kunst, etwa im italienischen Futurismus. Doch die Freude, die der Futurist Giacomo Balla 1915 über den »wunderbaren kleinen Menschenkrieg« bekundete, endete spätestens 1944 mit dem Entsetzen des Futuristen

Enrico Prampolini vor einer »mechanischen Zivilisation, die ihren Gipfel mit dem heutigen Weltbrand erreicht hat«. (Falkenhausen 1991: 21)

Nach dem Zweiten Weltkrieg teilte sich in Deutschland nicht nur das Land, sondern auch das Verhältnis der Kunst zum Krieg. Frieden war der Kehrreim der DDR-Kultur. Und Frieden blendete, wie der Filmemacher Andreas Goldstein an Defa-Filmen analysiert, Widersprüche aus:

> »Die Friedensfrage ist schwer wie Blei. Sie ist das letzte Argument. Man spricht nicht vom Sozialismus, man spricht vom Frieden. Die Friedensfrage lässt Klassenfragen, also Fragen nach der Form des gesellschaftlichen Zusammenlebens, unter sich verschwinden. Wenn die Herstellung einer sozialistischen DDR eine Revolution war, so war es eine Revolution, die sich zugleich verbarg.« (Goldstein 2016: 347f.)

Wie allein schon die Geschichte des Nato-Bündnisses bis hin zu seinen Verlautbarungen eines »neuen Kalten Kriegs« (Anderson 2023: 29) vor Augen führen sollte, musste Frieden ein existenzielles Anliegen gerade der DDR bleiben. Aber nicht nur deshalb war die Beschwörung des Friedens in der kulturellen Produktion der DDR allgegenwärtig.

In der BRD dagegen wirkte gegen den Krieg protestierende Kunst wie ein Preaching to the Converted und oft genug läppisch. Denn während man mit Unterstützung der USA die Wiederbewaffnung ins Werk setzte und Pershing-Raketen gen Osten richtete, waren doch – Franz Josef Straußens Sottise »lieber Kalter Krieger als warmer Bruder« beiseite – weder der Staat in seiner offiziellen Propaganda noch die Bevölkerung in ihrer überwiegenden Mehrheit auf Krieg gestimmt. Noch 1989 konnte der Kunsthistoriker Otto Karl Werckmeister konstatieren:

> »Militärische Informationen jeder Art und Größenordnung überfluten die tagtägliche Medienerfahrung von Bevölkerungen, die im tiefsten Frieden und im höchsten Wohlstand leben. Der Unterschied zur offenen militaristischen Kultur früherer Vor-

> kriegszeiten besteht darin, dass Krieg keinen politischen Wert mehr darstellt. Die universale Rüstung ist für einen Ernstfall gedacht, der unter allen Umständen vermieden werden soll.« (Werckmeister 1989: 122)

Heute, so scheint es, soll der Ernstfall unter allen Umständen herbeigeführt werden, und er ist auch bereits eingetreten. Seit dem »We are fighting a war against Russia« der deutschen Außenministerin besitzt der Krieg, nach etlichen Jahrzehnten, wieder einen »politischen Wert«. Ein Vorgang wie die Spaltung des Autorenverbands PEN, bei der sich eine große Gruppe von zuvor harmlos wirkenden Intellektuellen mit der Forderung nach einer militanten Politik Deutschlands gegen Russland samt Waffenlieferung und Flugverbotszone von der traditionell pazifistisch agierenden deutschen Sektion trennte, ist in der Geschichte des Landes ohne Beispiel.

Es ist hier nicht der Ort, diesen fundamentalen Wandel in der politischen Kultur der Bundesrepublik im Einzelnen nachzuweisen und herzuleiten. Doch sei angemerkt, dass die psychologische Erklärung, es handele sich schlicht um Kriegslüsternheit, zu kurz greift. Das lässt sich allein daran schon erkennen, dass zum Teil sehr grausame Kriege wie die in Äthiopien, Kenia, Kongo, Myanmar, Ruanda kaum je auf das Interesse von Staat und Öffentlichkeit trafen. Und auch der Krieg Russlands in Tschetschenien wurde systematisch heruntergespielt, weil er den westlichen Interessen konvenierte. Es sind weder die Moral noch die Blutgier, es ist stets der materielle und geopolitische Vorteil, der den Ausschlag gibt, ob sich das deutsche Establishment in einem Krieg engagiert oder nicht.

Das »geopolitische Framing menschlichen Leids« (Bachman/Ruiz 2024: 39) lässt sich an der medialen Berichterstattung ablesen. Man vergleiche den Krieg im Jemen, den die von den USA und Deutschland unterstützten Truppen Saudi-Arabiens von 2015 bis zu einem relativen Waffenstillstand 2023 geführt haben und der 380.000 Menschenleben gekostet hat, mit dem Krieg in der Ukraine. Die führenden US-Medien (und in ihrer Nachfolge die deutschen) berichteten nicht nur kaum über den Jemen, sie widmeten ihre anrührenden Geschichten von Verletzten und Leidenden ausschließlich der Ukraine. Hier zeigt sich, wie aus politischem Interesse in »würdige« und »unwürdige Opfer« unterschieden wird (ebd.: 38); und das begegnet uns auch in der Behandlung von Israel und Gaza.

Die führenden Medien übersetzen aus Gründen, die noch zu erörtern sein werden, die Interessen der hegemonialen Klassenfraktion. Sie stellen deshalb die Opfer der eigenen Seite hoch über die der andern. Obwohl solche Beeinflussung durchaus ihre Effekte hat, erreicht sie doch bei Weitem nicht die gesamte Bevölkerung. Es liebt den Krieg nicht, wer ihn im Ernstfall zu erdulden haben wird. Ein Historiker des Kriegs gelangt zu dem Schluss:

> »Bevölkerungen sind selten für Kriege verantwortlich, nicht etwa, weil sie anständig wären, sondern weil sie in beiderlei Sinn des Wortes nicht groß an Krieg *interessiert* sind: Ihre persönlichen Bedürfnisse stehen nicht auf dem Spiel und sie finden keinen Gefallen an auswärtigen Verwicklungen. [...] Doch wenn die geopolitische Lage angespannt ist, können Bedrohungen von außen ›nationalisiert‹ werden, indem die Öffentlichkeit davon überzeugt wird, ihr Lebensstil werde attackiert.« (Mann 2024: 15)

Auch wenn die Umfragen je nach Kriegslage schwanken, sind die angeblichen Bedrohungen auch im zweiten Jahr des Ukrainekriegs und im ersten des Gazakriegs in Deutschland noch nicht nationalisiert. Die Bevölkerung wünscht in ihrer Mehrheit keine Kriege, Kriege wünschen immer nur die Herfried Münkler dieser tristen Welt. (Der bekannte Feuilleton-Historiker nannte jeden, der keine Waffen ins Kriegsgebiet liefern will, »moralisch einen Lump«; zit. nach Wahl 2023: 63.)

Interesse am Krieg hat die herrschende Klasse, die ihre Absichten etwa hinter der Formel von der »regelbasierten Weltordnung« versteckt. In einem Interview stilisierte die deutsche Außenministerin sowohl den Ukraine-Konflikt als auch die Auseinandersetzung zwischen Israel und dem Iran zu einer des »regelbasierten« Westens mit seinen Feinden. Diese folglich unregulierten, wenn auch vielleicht nicht deregulierten, chaotischen Mächte sollen – aus unbekannten Gründen – nichts anderes im Schilde führen, als die westlich geregelte Welt zu überrennen (Baerbock/Sievers 2024).

Darin ist leicht die Wiederkehr des uralten Motivs vom Sturm der Barbaren auf das Abendland zu erkennen. Und doch geht die Formel von der regelbasierten Ordnung nicht auf irgendeinen Offizier der Reconquista, sondern auf John Ikenberry, einen Berater von Präsident Joseph Biden, zurück. Mit ihr soll die imperialistische Aggression gerade nicht markiert, sondern versteckt werden. (Foster 2021) Im Vertrag der »Ampel-Koalition« kehrt sie gleich viermal wieder.

Einem Thinktank der Opposition, der Konrad-Adenauer-Stiftung, war der Hinweis vorbehalten, dass mit den »Regeln« keineswegs nur Werte, sondern auch Interessen verbunden sind. Das steht übrigens im Einklang mit dem Vertrag von Lissabon, der die europäischen Werte und Interessen fast immer in einem Satz zusammenspannt (Europäische Union 2007: Artikel 2, 9, 10a, 16, 28a).

Die Moral soll, um Gültigkeit zu behaupten, Früchte tragen, oder anders formuliert: »Eine werte- und regelbasierte Weltordnung zu stärken, muss deshalb eines der wichtigsten außenpolitischen Interessen Deutschlands sein – jetzt erst recht.« (Enskat/Fischer-Bollin: 14) Schon deshalb, so die Adenauer-Stiftung, könne nicht allein Russland der Gegner bleiben:

> »Auch wenn Russland durch seinen Angriffskrieg auf die Ukraine derzeit die Schlagzeilen bestimmt, bleibt China die größte Herausforderung für die liberale Weltordnung. Im Schatten des Krieges baut Peking seinen Einfluss überall auf der Welt aus und entwickelt sich zunehmend vom Konkurrenten zum Gegner. Die werte- und regelbasierte Weltordnung zu stärken, fortzuentwickeln und wo nötig zu verteidigen ist daher dringlicher denn je.« (Ebd.: 15)

»Militärische Fähigkeiten«, ergänzte eine »Verteidigungsexpertin«, seien »Teil der geopolitischen Macht«. (Franke/Martens 2022) Und Angriff ist die beste Verteidigung. Die Ratio des Krieges (der »Verteidigung«) soll folglich darin bestehen, dass der Westen seine Wirtschaftsinteressen mit Waffengewalt durchsetzt und so seiner Führungsschicht Vorteile verschafft. Aber ist das wirklich so rational? Dass Rüstung der Wirtschaft nütze, wird von Liberalen zwar nicht ganz grundlos behauptet (Schularick 2024). Auch lassen sich mit militärischer Gewalt Märkte sichern. Aber es kann teuer zu stehen kommen, Kriege zu verlieren. So haben die USA die meisten ihrer Kriege in der letzten Zeit, oft gegen unendlich schwächere Gegner, wie in Vietnam oder Afghanistan, verloren. Die Kriegsmüdigkeit der Trumpisten ist durchaus begreiflich.

Mag es auch einen kleinen Club von Profiteuren des Krieges geben und mag der militärisch-industrielle Komplex der USA den Stellvertreterkrieg in der Ukraine als eine »unerwartete Gelegenheit« (Smolar 2022) begrüßt haben, zieht die überwältigende Mehrheit aus ihm keinen Profit. Denen, die, auf welche Weise immer – und sei es aufgrund von explosionsartig gestiegenen Heizkosten –, für Kriege bezahlen müssen, muss die Notwendigkeit von Rüstung und Krieg erst eingehämmert werden. Der Bevölkerung, die die Kosten des Krieges zu erbringen hat, ohne an der Beute beteiligt zu werden, müssen wahre Schreckensbilder des Gegners gemalt werden. Der Russe, der Chinese, der Islamische Staat, die Hamas sollen alle vor der Tür stehen wie einst die Türken vor Wien. Um diese Schrecken zu verbreiten, ist eine Armee an Propagandisten gefordert. Das ist von jeher die Stunde jener Soft Power, die man »Kultur« nennt.

In dieser neuen Situation verändert sich das Verhältnis von Kunst und Staat oder Bourgeoisie notwendigerweise. Kultur wird zum Fluidum der Gewalt, die Sublimierung von Kriegsgräueln zu einer von Kulturinstitutionen wie Museen und Kunstvereinen erwarteten Leistung. Es ist eine Leistung, die viele gern erbringen, wie zuletzt die zahlreichen Ausstellungen einer ukrainischen Kunst bewiesen, von der früher kaum jemand ahnte, dass es sie überhaupt gibt. Nun wurde die vorher Unbekannte für Waffenlieferungen eingespannt.

Ob Kulturfunktionäre sich aus Opportunismus unterordnen oder ob sie allen Ernstes an die Staatspropaganda glauben, muss hier nicht entschieden werden. Es sei lediglich daran erinnert, dass sich in allen Kriegszeiten der letzten hundert Jahre dieselben Prozesse vollzogen: Kunstwerke und Bücher wurden verboten, sofern man sie nicht vernichten konnte, Lieder und Sprüche wurden geächtet, andere, die die kriegführende Nation verherrlichen und den Gegner herabsetzen, bestellt und gefördert. Darstellungen von Kriegshandlungen konnten in solchen Zeiten ausdrücklich erwünscht sein, um die Gemüter aufzuputschen, aber auch unterdrückt werden, um die Kampfesmoral nicht zu dämpfen (wir erinnern uns an das restriktive Bilderregime der USA im zweiten Golfkrieg). Und es ist, wie schon der Kalte Krieg gezeigt hat, möglich, auf den ersten Blick unpolitische Kunst politischer Ideologie zu subsumieren. Der marxistische Literaturtheoretiker Terry Eagleton bemerkt:

> »Nicht jede Kultur ist zu jedem Zeitpunkt ideologisch, aber alles in ihr, und es mag noch so abstrakt oder edelgesinnt sein, kann unter bestimmten Umständen dieser ideologischen Funktion dienen. Und zugleich kann Kultur heftigen Widerstand gegen die herrschenden Mächte leisten.« (Eagleton 2024: 5)

Kultur trägt also einerseits die Farben der Herrschaft. Andererseits ist gerade die Kultur die Sphäre, in der, wenn auch meist folgenlos, Herrschaftskritik möglich ist. Kultur im engeren Sinn von künstlerischer Betätigung äußert Kritik auch dann noch, wenn es in der Politik und in den Medien nicht mehr möglich ist. Ja, es ist die Behauptung des vorliegenden Essays, dass Kunst und Kultur in die gegenwärtigen gesellschaftlichen Transformationen und in die gegenwärtigen Widersprüche ganz wesentlich eingebunden sind. Kultur befindet sich allerdings in einer Sonderstellung, weil sie zwar an sämtlichen gesellschaftlichen Prozessen – ob beschleunigend oder verlangsamend, ob erhellend oder verdunkelnd – beteiligt ist, aber fast nie über sie entscheiden kann. Das gilt insbesondere für Kunst: Sie bereitet Kriege vor, sie bereitet Kriege nach, aber sie kann weder einen Krieg beginnen noch ihn beenden.

Kunst eignet daher etwas Virtuelles, etwas Flankierendes, etwas Nicht-Festgelegtes, etwas im buchstäblichen Sinn Nicht-Wirkliches, daher auch etwas Ambivalentes. Ihre Funktion besteht traditionell im Reflektieren des Handelns, nicht im Handeln selbst, in der Selbstschau der Gesellschaft, nicht in ihrer Tätigkeit. Als unautorisierte Nachfolgerin des Kults artikuliert Kunst von jeher das, was normalerweise nicht oder nur schwer artikuliert werden kann. »Normalerweise« heißt: innerhalb der Grenzen der von den jeweils hegemonialen Mächten geduldeten Rede und Weltanschauung. Kunst drückt oft genug das kollektiv Unbewusste, etwa die Furcht vor dem Krieg, aus.

Nicht nur ihre Virtualität, sondern auch der Umstand, dass sie in vieler Gruppen Gebrauch gestellt werden kann, verleiht ihr Vieldeutigkeit. Denn über die Bedeutung eines Kunstwerks entscheiden am Ende die, die sie gebrauchen, und das sind nicht immer dieselben. An der Kunst, der stets Unbestimmten oder Schwer-Bestimmbaren, bilden sich Gruppen, die mit der Kunst auch sich selbst bestimmen; die von Peter Weiss modellierte Gemeinschaft zu Beginn seiner »Ästhetik des Widerstands« (1975–1981) ist dafür das bekannteste Beispiel.

Aus all diesen Gründen ist Kunst im engen Sinn unter allen Mitteln der Propaganda eines, das leicht entgleitet, ein besonders »schwer fassbares Medium« (Fox 2017: 197). Es ist deshalb eine offene Frage, warum die Propaganda nicht ausschließlich Kunst im weiten Sinn – Werbeclips, feurige Reden, Sean-Penn-Filme – einsetzt. Sie lässt sich vielleicht damit beantworten, dass Kunst eine ganz bestimmte Klientel traktiert, die, nicht immer zu Recht, unter dem Verdacht des Pazifismus steht. Davon zeugt allein schon, dass sich Kunst oft genug in einem frappierenden Widerspruch zur Herrschaft befindet. Die aus ihrem Gebrauchscharakter resultierende Vieldeutigkeit der Kunst fordert die auf Eindeutigkeit abgestellte Rede der Herrschaft heraus. Das muss keineswegs mit einem politischen oder auch nur kritischen Bewusstsein der Künstlerinnen und Künstler einhergehen. Das bedeutet auch nicht, dass Kunst subversiv wäre. Ja, lange galt es als ausgemacht, dass, zumindest im Westen, sich kein Mächtiger vor Kunst fürchten muss. Bis vor wenigen Jahren hätte niemand ernsthaft Kunst für gefährlich, gar für umstürzlerisch gehalten.

Werckmeister erklärt diese Harmlosigkeit mit der ästhetischen Differenz, die alles, was im Bereich der Kunst geschieht, in einer spielerischen Sonderwirklichkeit isoliert und so gesellschaftlich neutralisiert. Zugleich sorge der Staat mit aller Macht, die ihm zu Gebote steht, dafür, dass das, was er für »Realität« hält, eindeutig und unhinterfragt bleibt:

> »In den Großstädten stehen neben den Museen mit ihren Etats zur Ausstellung der Avantgarde, den elektronischen Musikstudios der Radiostationen und den Universitätsbibliotheken voller Literatur des Protests die Arsenale der *riot police* in Gasmaske und Glasvisierhelm, wo Schnellschussgewehre mit variabler Munition, barrikadenbrechende Panzerfahrzeuge und Hubschrauber zum Tränengasabwurf bereitgehalten werden. Kultur und Polizei sichern die Grenze zwischen Realität und Kunst von beiden Seiten.« (Werckmeister 1971: 31f.)

Das war die Situation in den siebziger, selbst noch in den neunziger Jahren, obwohl eine allmähliche Veränderung sich bereits daran ablesen lässt, was seither verschwand: Das Studio des Westdeutschen Rundfunks für Elektronische Musik, auf das Werckmeister anspielt, gibt es nur noch dem Namen nach, die Einsparungen in den Etats der Bibliotheken gehen gewöhnlich zu Lasten der kritischen, insbesondere der »Literatur des Protests«.

Werckmeister selbst hat den Übergang von der Kultur der 1970er- in die 1980er-Jahre als einen von einer »argumentativen« in eine »Zitadellenkultur« beschrieben. Die Erste unterschied sich von der Letzten »nicht durch ihre zeitgeschichtliche Thematik, sondern durch eine künstlerische Form, die rationaler Beurteilung offenstand« (Werckmeister 1989: 14). Die »Ästhetik des Widerstands« und Francis Ford Coppolas Film »Apocalypse Now« (1979) nennt Werckmeister den »End- und Höhepunkt der argumentativen Kultur«. In solchen Werken trieben Künstler (und Künstlerinnen) ihr Nachdenken über Krieg bis zum Äußersten:

> »Die subjektive Empörung eines einzelnen über die Zeitgeschichte ermöglicht deren schonungslose künstlerische Vergegenwärtigung in dem Maße, in dem sich der Einspruch dagegen als sinnlos erweist.« (Ebd.: 15)

Die Zitadellenkultur als diejenige im sicheren Kernland der kriegführenden imperialistischen Staaten lässt keineswegs von der Thematisierung des Grauens ab, ganz im Gegenteil, sie greift es in ihren »ästhetischen Schaustellungen« auf. »Doch jede sinnliche, das heißt wirkliche, Erfahrung davon bleibt« erspart. (Ebd.: 18)

Die Zitadellenkultur der außen kriegerischen, innen befriedenden Staaten erfuhr in den Neunziger- und Nullerjahren eine weitere Steigerung. Neue Technologien etwa im Kino erlaubten den Zitadellenbewohnern eine immersive Erfahrung der Schrecken, von denen sie sich sicher getrennt wussten. Im Kunstbereich ließ sich aber nach Phasen der Selbstbezüglichkeit eine Repolitisierung beobachten, in Werckmeisters Terminologie also eine wenigstens partielle Rückkehr der »argumentativen Kultur«, nun in postmoderner Aufmachung – wie gehabt ohne Auswirkungen auf die Politik, die nun allerdings in ein neues Stadium eintrat.

Mit der deutschen Beteiligung am Jugoslawienkrieg waren die Schrecken, die sich früher glücklicherweise auf der andern Seite der Welt zutrugen, ganz nah herangerückt. Die Kriege des Westens schickten immer mehr Flüchtlinge in die Zitadelle. Ohnehin hatte sich die Kultur im Gefolge der Globalisierung internationalisiert und gerade diese Internationalisierung, die immer auch ein Infragestellen von Grenzen bedeutet, trug zum Koalieren der Kunst mit politiaktivistischen Praktiken bei. All das mag dazu geführt haben, dass die Kunst, die man an den Katzentisch verwiesen hatte, nun an der Tafel unangenehm auffiel. Über unliebsame Künstlerinnen und Künstler, die früher wenigstens als Botschafter der Meinungsfreiheit verwendbar gewesen wären und die man mit Professuren und Preisen zum Schweigen gebracht hätte, mussten nun Vorschriften, Betätigungs-, wenn nicht Berufsverbote verhängt werden. Der Staat distanzierte sich lautstark von Veranstaltungen, die er selbst über Jahrzehnte subventioniert und in deren weltweiter Reputation er sich gesonnt hatte; jüngere Beispiele sind die Documenta oder die Berlinale. In den Diskussionen über Repressionen und Verleumdungen unangepasster Kunst stellten sich zwar die Medien wie ein Mann hinter den Staat, aber sorgten auch für Verunsicherung bei den vielen, die nicht mehr zu Wort kamen.

Wenn auf den folgenden Seiten die einzelnen Stationen dieses fundamentalen Kulturwandels abgeschritten werden, soll auch seine Vorgeschichte im Blick bleiben. Deshalb sei mit einem Blick auf ältere Zensur, der Einfachheit halber ausschließlich von antimilitaristischer Kunst, begonnen. Wie wurde Antimilitarismus früher sanktioniert? Von wem?

Obwohl der tiefste Einschnitt ins Kulturleben sich während des Ukrainekriegs vollzog, hatte sich doch eine Formierung des gesellschaftlichen Lebens schon in der Zeit der Corona-Pandemie vorbereitet. Künstlerinnen und Künstler gehörten erst zu den großen Leidtragenden, dann zu den kleinen Nutznießern der staatlichen Maßnahmen. Erst wurde Kunst abgesagt, dann gefördert. Beides, das Verbot wie die Förderung, erzwang ein engeres Verhältnis von Künstlerschaft und Staat. Dass der Staat bereits in dieser Phase ein autoritäres und militaristisches Gebaren zeigte, lässt sich allein daran schon ablesen, dass die Leitung des Corona-Krisenstabs in die Hände eines Generalmajors gelegt war.

Die Pandemie erlaubte es, verschiedene, vom Bürgertum schon länger gewünschte Restriktionen mit »höherer Gewalt« zu begründen. Daran beteiligten sich interessanterweise auch die Medien, die an die Stelle der früher gern geübten Konkurrenz nun eine breite Einigkeit mit dem Staat und untereinander setzten. Dieser Zusammenschluss, der vielfach einer freiwilligen Selbstgleichschaltung nahekam, erhielt sich auch in den folgenden Krisen, nämlich im Ukraine- und im Gazakrieg. Waren Zeitungen, Zeitschriften, Sender zuvor natürliche Verbündete von ausgegrenzten und verfolgten

Künstlerinnen und Künstlern, reihten sie sich nun selbst unter die Verfolger. Auch diese Entwicklung wird im Folgenden analysiert.

Nach der Darstellung der Vorgänge soll am Ende die Frage wenigstens angerissen sein, ob die neue Anstößigkeit der Kunst in einer Beziehung mit dem in den letzten Jahrzehnten allmählich eingetretenen Verlust ihres Autonomiestatus steht. Jürgen Habermas hielt den Verlust von Autonomie, in dem er voreilig die »Selbstauflösung der modernen Kunst« erkannte (Habermas 2019: 121), für einen »ambivalenten Vorgang«.

> »Er kann ebensowohl die Degeneration der Kunst zu propagandistischer Massenkunst oder kommerzialisierter Massenkultur wie andererseits auch die Umsetzung in eine subversive Gegenkultur bedeuten.« (Ebd.: 120)

Machen wir die Einschätzung dieser Entwicklung davon abhängig, was die aktuellen Konflikte zwischen Kunst und herrschender Klasse uns zu sagen haben. Dass es aktuelle und noch nicht abgeschlossene Prozesse sind, setzt zugleich die Grenzen des vorliegenden Versuchs. Es ist unmöglich, die Zeit zu durchschauen, in der wir leben. Doch von der Zeit selbst empfangen wir reiche, dichte Eindrücke, die sich später nur mühsam und bruchstückhaft rekonstruieren lassen. Insofern mögen die Zeugnisse, die im Folgenden gesammelt, und die Überlegungen, die an sie angeschlossen werden, einer künftigen Geschichte und Theorie der kulturellen Militarisierung als Vorarbeit dienen.

»Maul halten und weiter dienen«

Verfolgung antimilitaristischer Kunst vor 2020

> »Der Hauptmann zeichnete sich immer aus
> und wechselte zum Flugwesen.
> Beim Bombardieren eines Feldlagers der Alpinen Jäger
> sah man deutlich eine von ihm abgeworfene Bombe,
> die in einen Topf einschlägt,
> in dem das Essen der Italiener gekocht wird.«
> *Enrico Morovich*
> *(Morovich 2024: 60)*

Mit Corona und Ukrainekrieg führte der Verfassungsschutz der Bundesrepublik Deutschland den »Phänomenbereich« und Tatbestand einer »Verfassungsschutzrelevanten Delegitimierung des Staates« ein:

> »Verschiedene Akteure instrumentalisierten das Protestgeschehen gegen Corona-Schutzmaßnahmen, um losgelöst von jeder sachbezogener Kritik eine tatsächlich verfassungsfeindliche Agenda zu verfolgen. Dies äußert sich unter anderem in einer aggressiven Agitation gegen Repräsentanten und Institutionen des Staates, um dessen Legitimität systematisch zu untergraben.
>
> Auch nach der Aufhebung der staatlichen Maßnahmen zur Eindämmung der Pandemie im Frühjahr 2022 beteiligten sich Gruppierungen und Einzelpersonen aus dem Phänomenbereich der ›Verfassungsschutzrelevanten Delegitimierung des Staates‹ am Protestgeschehen, das sich im Zuge des russischen Angriffskrieges auf die Ukraine und der Diskussion um Inflation und

Energiesicherheit ab etwa Herbst 2022 ausbildete. Allerdings entfalteten diese Aktivitäten keine nennenswerte Resonanz.« (Bundesamt für Verfassungsschutz 2024)

Auf Grundlage dieser Rechtsauffassung wurde etwa Michael Meyen, einem Münchner Professor für Kommunikationswissenschaft, im Frühjahr 2024, nach einem einjährigen Disziplinarverfahren der Landesanwaltschaft, das Gehalt gekürzt. Er hatte für eine Zeitschrift geschrieben, die sich nach Auffassung des örtlichen Verfassungsschutzes zum »maßgeblichen Akteur der ›verfassungsschutzrelevanten Staatsdelegitimierung in Berlin‹ entwickelt« habe, weil sie auf scharfe Weise die Corona-Maßnahmen kritisierte. (Krass 2024) Außerdem war ruchbar geworden, dass der Professor die Dreistigkeit besessen haben soll, der Roten Hilfe 11.000 Euro zu spenden.

So irritierend diese obrigkeitsstaatlichen Eingriffe sind, ist die zitierte Bestimmung des Verfassungsschutzes nichts ganz und gar Neues, sondern ein Aufwärmen des Paragraphen 90a Strafgesetzbuch, der alle, die die »Bundesrepublik Deutschland oder eines ihrer Länder oder ihre verfassungsmäßige Ordnung [beschimpfen] oder böswillig verächtlich [machen] oder die Farben, die Flagge, das Wappen oder die Hymne der Bundesrepublik Deutschland oder eines ihrer Länder [verunglimpfen]«, mit einer Freiheitsstrafe bis zu drei Jahren oder mit einer Geldstrafe bedroht. Bedroht wurde und wird mit dem Paragraphen gegen Staatsverleumdung nicht zuletzt die freie Ausübung von Kunst, wobei immer wieder die knifflige Frage auftaucht, ob schon als beleidigt gelten darf, was bloß reproduziert wird. Ist eine Flagge dadurch entehrt, dass sie wie ein Abtreter auf dem Fußboden liegt? Ist das Vaterland verunglimpft, wenn ein patriotischer Wimpel in den Dreck geflogen ist? (Ripplinger 2019: 52–59) Am Ende geht es nie um die konventionellen Symbole, sondern um die, die nicht vor ihnen knien wollen.

Dieses »Gesinnungsstrafrecht« (Düsing 1979: 109) ist der historische Nachfolger der alten »Majestätsbeleidigung«. In der allerfrühesten Bundesrepublik häufig gegen Rechtsextreme angewandt, war der Paragraph 90a ein probates Repressionsmittel gegen Mitglieder

der 1956 verbotenen KPD und führte bei der Jagd auf angebliche Sympathisantinnen und Sympathisanten der Roten Armee Fraktion von 1975 bis 1977 zu einer Prozesslawine mit mindestens 500 bis 800 Verfahren jährlich (ebd.: 107). Betroffen waren in diesem Zuge auch satirische Darstellungen, in denen etwa der Bundesadler (ebd.: 108) zu sehen war; das Verbrechen sollte dann nicht in der Satire selbst, sondern darin bestehen, dass sie ein staatliches Symbol missbraucht und so den Staat selbst in Misskredit bringt – was verboten ist.

Ein Unterschied zwischen dem alten Staatsverleumdungsparagraphen und dem jüngsten Vorstoß des Verfassungsschutzes sei allerdings beachtet: »Delegitimierung« meint explizit nicht mehr das Schmähen von Hoheitszeichen, sondern eine »aggressive Agitation gegen Repräsentanten und Institutionen« des Staates. Diese Veränderung erklärt sich leicht: Ganz buchstäblich wurden bei Protesten gegen die Corona-Maßnahmen die Hoheitszeichen der Republik hochgehalten. Wir erinnern uns an Demonstrantinnen und Demonstranten, die mahnend das Grundgesetz präsentierten. Ähnlich verhielt es sich bei der Initiative GG 5.3 Weltoffenheit (2020), die sich, wie schon ihr Name verrät, auf das Grundgesetz berief, als sie den politischen Missbrauch des Antisemitismusvorwurfs beklagte. Den »Repräsentanten und Institutionen«, gegen die man sich wandte, wurde also unterstellt, gerade *nicht* rechtsstaatlich zu handeln.

Rein positivistisch gesehen, war das tatsächlich der Fall. Eine neue, autoritäre Formation des Staates setzte sich vor aller Augen gegen eine ältere, repressiv-tolerante durch. Verfolgt und geschmäht wurden nun die, die noch (sicherlich naiverweise) an »Grundrechte« glaubten und das ernst nahmen, was ihnen in der Staatsbürgerkunde beigebracht worden war. Friktionen entstanden, weil das neue Regime fast übergangslos das alte abgelöst hatte. Spätestens seit 2020 trat der Staat aus seiner die Wirtschaft bloß begleitenden und begünstigenden Funktion heraus und wurde wieder zum mächtigen Akteur im öffentlichen Geschehen.

Der Staat schwächte unter Berufung auf höhere Gewalt nicht nur die Grundrechte, er stellte auch, wie die Formel »Verfassungsschutzrelevante Delegitimierung des Staates« selbst beurkundet, die Prinzipien der politischen Rechtfertigung auf den Kopf. Denn die Formulierung bedeutet, dass nicht etwa, wie in Demokratien üblich, staatliche Herrschaft sich legitimieren müsse, vielmehr seien die Bürgerinnen und Bürger gehalten, eine vorausgesetzte Legitimität anzuerkennen. Das ist sicheres Anzeichen autoritärer Verhältnisse. Nicht der Staat müsse seine Herrschaft begründen, erklärt der Verfassungsschutz, vielmehr müssten die Bürgerinnen und Bürger sich seiner würdig erweisen. Nicht der Staat müsse kontrolliert werden, seine Untertanen müssten es. Das widerspricht – es sei ganz ohne Erregung oder Erstaunen, ganz sachlich festgestellt – rechtsstaatlichen Grundsätzen.

Der antidemokratische Duktus wird in der Erklärung des Verfassungsschutzes nur damit abgemildert, dass von einer »Instrumentalisierung« des Protestgeschehens die Rede ist, so als ob Protest erlaubt wäre, wäre er »sachbezogen«. Dabei ist jeder Protest seinem Wesen nach personen-, nicht sachbezogen. Wer protestiert, argumentiert nicht, sondern lehnt sich in seiner ganzen Leiblichkeit auf, weil die Argumente nicht gefruchtet haben. Und wie wir uns erinnern, waren in der Coronazeit Demonstrationen, wenn auch aus angeblich hygienischen Gründen, über Monate hinweg verboten, ja, es war bereits verboten, Demonstrationen auch nur zu erwägen (als Begründung diente die bald widerlegte oder wenigstens stark abgeschwächte Annahme, auch im Freien übertrage sich das Virus).

Interessanter noch ist, dass der Verfassungsschutz nicht nur die Diskussion um den Ukrainekrieg, sondern auch »um Inflation und Energiesicherheit« als anfällig für verfassungsfeindliche Umtriebe kennzeichnet. Das belegt, dass der Vorwurf unpatriotischen Verhaltens vor allem gegen diejenigen sich richtet, die Mühe haben, ihre Lebensmittel und ihre Heizkosten zu bezahlen. Noch hätten ihre Klagen »keine nennenswerte Resonanz«, doch vorsorglich wird die Bürgerin, die allzu laut über Geldsorgen stöhnt, darauf aufmerksam gemacht, dass sie damit womöglich an den Grundfesten eines Staates rüttelt, der aus moralischen Gründen nicht anders gekonnt habe, als Gaslieferungen aus Russland zu verweigern. Welche Klagen sind aber noch erlaubt? Und welcher Geringverdiener wäre dann kein potenzieller Verfassungsfeind?

In wilhelminischer Zeit gab es zwar, wie erwähnt, den Tatbestand der Majestätsbeleidigung, aber kein Staatsschutzrecht im heutigen Sinn. Die herrschenden Mächte hielten mittels Zensur, Schikane, Beobachtung, Verfolgung die Opposition in Schach, motivierten das aber anders als der Paragraph 90a. Denn offiziell stand nicht etwa die Verunglimpfung des Staates unter Beobachtung und Strafe, sondern, spätestens seit dem Lex Heinze von 1900, das »sittliche« oder »moralische« Fehlverhalten, ja oft genug schon das unsittliche oder unmoralische Denken.

Demnach wurde mit »Gefängnis bis zu einem Jahre und mit Geldstrafe bis zu eintausend Mark« bestraft, wer

> »unzüchtige Schriften, Abbildungen oder Darstellungen feilhält, verkauft, verteilt, an Orten, welche dem Publikum zugänglich sind, ausstellt oder anschlägt oder sonst verbreitet, sie zum Zwecke der Verbreitung herstellt oder zu demselben Zwecke vorrätig hält, ankündigt oder anpreist« (zit. nach Lorenz 2009: 40).

Dieses beliebig und bequem anzuwendende Instrument der Repression ergänzte der schon 1851 in Preußen eingeführte Paragraph über Gotteslästerung, die, wie gleich zu sehen sein wird, ebenfalls ein schwer zu fassender und daher leicht zu applizierender Tatbestand ist. Aus sittlichen Gründen wurde bestraft, was aus politischen nicht opportun war. Wir dürfen uns durchaus an unsere heutige Situation erinnert fühlen. Regelmäßig soll, wer gegen Krieg, Rüstung und Waffenlieferung plädiert, gegen irgendein sittliches Gesetz verstoßen haben, ganz abgesehen davon – aber das ist noch nicht justiziabel –, dass wer die einen Opfer zu sehr oder die anderen zu wenig betrauert, stumpfen Waffenlieferanten und ihren hohlen Herolden als gefühllos gilt.

Bis zum Ersten Weltkrieg musste nur in Einzelfällen antimilitaristisches Engagement geahndet werden, denn das Gros der deutschen

Elite, auch die deutschen Intellektuellen und viele Künstlerinnen und Künstler, selbst die wenig kaisertreuen, hielten den Krieg, sogar einen Weltkrieg für notwendig. Als soziologisches Motiv für diese Militarisierung kommt in Betracht, dass Kulturleuten, die in einem industriell geprägten Land sich zuvor wie Zierrat vorgekommen sein mochten, »eine konkrete gesellschaftliche Funktion« zuwuchs. Die zuvor Belächelten, ja Angefeindeten sahen sich endlich »in die nationale Gemeinschaft aufgenommen« (Mommsen 1996: 8).

Nun wurde kulturell gerechtfertigt, was der Imperialismus abverlangte. So kam es zu den ideologischen Vorläufern der »Zeitenwende«, den »Ideen von 1914« (Fischer 2009: 136f.). Schon im »Aufruf der Dreiundneunzig« vom Oktober 1914, in dem es hieß: »Ohne den deutschen Militarismus wäre die deutsche Kultur längst vom Erdboden getilgt« (zit. nach Ungern-Sternberg 1996: 158), bekannten sich namhafte Vertreter aus Kunst und Wissenschaft zur deutschen Kriegspolitik, darunter Wilhelm Foerster, Ernst Haeckel, Gerhart Hauptmann, Max Liebermann, Max Planck, Max Reinhardt, Siegfried Wagner und Wilhelm Wundt.

Nach dem industriellen Massensterben und den Nächten in nassen, von Ratten heimgesuchten Schützengräben, nachdem man die Zerfetzten gesehen und die Sterbenden röcheln gehört hatte, schienen wenigstens die Empfindlicheren vom Militarismus kuriert. Doch blieb eine strikt antimilitaristische Haltung weiterhin unerwünscht. Das zeigte der Fall George Grosz, der hier exemplarisch für das schwierige Verhältnis von Kunst und Staat in der Weimarer Republik herausgehoben sei.

Anfang 1928 veröffentlichte der Malik-Verlag eine »Hintergrund« genannte Mappe mit Zeichnungen von Grosz, die eine Aufführung von Jaroslav Hašeks »Schweijk« in der Bearbeitung von Bertolt Brecht und Erwin Piscator begleitete. Wie bei dem Thema nicht anders zu erwarten, hatten die Zeichnungen eine antimilitaristische Tendenz. Als aber im April des Jahres drei Blätter der Mappe beschlagnahmt wurden, lautete die Anklage nicht etwa auf »Kriegsverrat« oder »Pazifismus«, sondern auf »Gotteslästerung«. Zwei der drei Blätter wurden nach einem Verfahren im Dezember 1928 wieder freigegeben, wegen des dritten wurde eine empfindliche Strafe verhängt:

> »Die Angeklagten werden wegen Vergehens gegen § 166 StGB [Gotteslästerung] anstelle einer verwirkten Gefängnisstrafe von je zwei Monaten zu einer Geldstrafe von je 2000 RM [Reichsmark] verurteilt. Die Zeichnung Nr. 10 wird eingezogen. Die dazu gehörenden Platten sind unbrauchbar zu machen. Die Kosten des Verfahrens fallen den Angeklagten zur Last.« (Zit. nach Hütt 1990: 231)

Wenige Monate später, im April 1929, wurden Grosz und sein Verleger Wieland Herzfelde freigesprochen, weil es nicht in der Absicht des Künstlers gelegen habe, Gott zu lästern. Vielmehr habe er »die durch den Krieg und an seinen Folgen leidende Menschheit wachrütteln und auf das Unsinnige des Krieges« hinweisen wollen. (Ebd.: 235) Dieser Freispruch mobilisierte die nationalistischen und faschistischen Kräfte, die 1930 die Kassation des Freispruchs erreichten. Überraschenderweise wurde die Berufung der Staatsanwaltschaft jedoch abgewiesen. Es kam 1931 zu einer erneuten Revision, die den Freispruch nur mit der Einschränkung bestätigte, das inkriminierte Blatt Nr. 10 müsse entfernt werden, weil es das religiöse Empfinden grob beleidige. Von der ersten Instanz war dieses Blatt so umschrieben worden:

> »*Nr. 10.* Ein am Kreuz hängender äußerst abgemagerter Christus ist in der allgemein gebräuchlichen Darstellung abgebildet, jedoch mit folgenden Besonderheiten: Das Gesicht ist durch eine Gasmaske verdeckt. An den Füßen befinden sich Soldatenstiefel, durch die die Kreuzesnägel getrieben sind. Die linke Hand ist nicht ans Kreuz genagelt, sondern hält am erhobenen Unterarm ein Kreuz.
>
> Unterschrift: Maul halten und weiter dienen.« (Zit. nach ebd.: 232)

Dass damit die Kirche oder gar die Religion angegriffen werden sollten, weil sie zu Gehorsam anhielten, scheint auch mit Blick auf andere Blätter plausibel. In jedem Fall richtete sich die Zeichnung gegen Durchhalteparolen von wem auch immer.

Der Zweite Weltkrieg erinnerte noch einmal mit einigem Nachdruck daran, dass ein Krieg unterm Strich mehr Nachteile als Vorteile bringt. Aber diese Erinnerung verblasste bemerkenswert rasch. Zwei Filmsatiren der Zeit – Slatan Dudows »Der Hauptmann von Köln« (1956) und Jean-Marie Straubs »Machorka-Muff« (1962) – machten sich einen Spaß aus dem Tschingderassabum der westdeutschen Elite. Doch lag der tiefere Grund für die Wiederbewaffnung in der Westbindung und in der Eingliederung des Landes in die Nato. Diese Remilitarisierung, die die Sowjetunion lange zu verhindern versucht hatte, lag wohl im Interesse der heimischen Wirtschaft, jedoch nur eines Teils von ihr.

> »Der Bundesverband der Deutschen Industrie (BDI) unterstützte Adenauers Politik der Westorientierung und Wiederbewaffnung. Firmen, die am Rüstungsgeschäft interessiert waren, erhofften sich hier Aufträge. Teilweise produzierten sie auf diesem Feld bereits vor 1955; im Gegensatz zu alliierten Verboten waren seit 1951 in der Bundesrepublik militärische Güter für den Export hergestellt worden. Auch hatten die westlichen Siegermächte schon 1950 Infanterieausrüstung und kleinere Kampfschiffe für ihren Eigenbedarf bei westdeutschen Firmen bestellt. Andere Unternehmer, die keine Aussicht auf Beteiligung an militärischer Produktion hatten, standen der Wiederbewaffnung teilweise skeptisch gegenüber: Sie befürchteten Verknappung von Arbeitskräften […], Steuererhöhungen, Krediterschwerung und Inflation.« (Fülberth 2007: 54)

Wenn sogar die Wirtschaft nicht einhellig für Aufrüstung war, dann die Gesellschaft umso weniger. Zwar gab es seit 1957 den strammen Bruder des Paragraphen 90a, nämlich den Paragraphen 109d des Strafgesetzbuchs, der besagt:

> »(1) Wer unwahre oder gröblich entstellte Behauptungen tatsächlicher Art, deren Verbreitung geeignet ist, die Tätigkeit der Bundeswehr zu stören, wider besseres Wissen zum Zwecke der Verbreitung aufstellt oder solche Behauptungen in Kenntnis ihrer Unwahrheit verbreitet, um die Bundeswehr in der Erfül-

> lung ihrer Aufgabe der Landesverteidigung zu behindern, wird mit Freiheitsstrafe bis zu fünf Jahren oder mit Geldstrafe bestraft. (2) Der Versuch ist strafbar.«

Aber die ideologische und oft indirekt operierende Kulturpolitik blieb doch die bevorzugte Methode, die öffentliche Meinung in die rechte Bahn zu zwingen. Nach dem Ende des Besatzungsstatuts und der Militärzensur nahm 1955 die Freiwillige Selbstkontrolle der Filmwirtschaft (FSK) ihre Arbeit auf.

> »Sie gab Filme aus der Zeit des Faschismus wie z.B. [Veit] Harlans ›Opfergang‹ großzügig frei, erklärte Bundeswehr-Reklamefilme für frei ab 6 Jahren, belegte aber kritisch-dokumentarische Filme über Faschismus und Konzentrationslager mit Jugendverbot. Bestimmte Filme wurden nicht freigegeben, ehe das Verteidigungsministerium ein positives Gutachten abgegeben hatte.« (Kienzle 1980: 22)

Nach Gotteslästerung, Unzucht, Verunglimpfung und noch vor der »Verfassungsschutzrelevanten Delegitimierung« war es in dieser Zeit also der Jugendschutz, der als Vorwand dafür zu dienen hatte, um oppositionelle Kunst und Kultur, insbesondere antimilitaristischer Observanz, einzudämmen. Bevor es zu einem Verbot und damit einem Skandal kam, bemühte man sich in den Kulturbehörden, in den großen Radio- und Fernsehanstalten, oft genug auch in staatsunabhängigen bürgerlichen Medien, den Zugang zu kritischen Werken zu erschweren, in der berechtigten Hoffnung, dass Landserhefte sich eh besser verkaufen.

Auch das Persönlichkeitsrecht wurde zitiert, wenn Unliebsames aus dem Weg zu räumen war. Das war der Fall bei der satirischen Festschrift »Unsere Siemens-Welt« (1972) von F.C. Delius, in der anhand von Quellen (teils aus der DDR) dargestellt wurde, wie eng der Konzern mit dem Militär und übrigens den Nazis verbunden war.

> »Mitte November [1972] stellten die Siemens AG und ihr stellvertretender Aufsichtsratsvorsitzender Hermann Josef Abs – zugleich Aufsichtsratsvorsitzender der Deutschen Bank – Antrag

> auf Erlass einer einstweiligen Verfügung ohne mündliche Verhandlung. Der Verlag müsse das Buch vom Markt nehmen, da darin vier Stellen falsch und ehrenrührig seien. [...] Dass Siemens in der Lage sei, Atomwaffen zu fertigen und diesbezüglich mit der US-Firma Westinghouse zusammenarbeite sowie zwei Bemerkungen über die Tätigkeit von Hermann Josef Abs im Nationalsozialismus seien unwahre Behauptungen.« (Lorenz 2009: 136)

Das Gericht entschied, das Grundrecht der Kunstfreiheit finde »seine Grenzen in der Verletzung der Menschenwürde und der freien Entfaltung der Persönlichkeit anderer«. (Ebd.: 139) Die Menschenwürde eines Arisierungsgewinners, Mitglieds des Aufsichtsrats der I. G. (Interessengemeinschaft) Farben und kriegsbegeisterten Magnaten wurde höher gewertet als das Recht, eine Dokumentarsatire zu schreiben, die den militärisch-industriellen Komplex bloßlegt. Nach einer Berufung erging 1975 das Urteil, die Beklagten, also Delius und sein Verlag, müssten der Siemens AG den Schaden ersetzen, der durch die Behauptungen der »Festschrift« entstanden sei. Seit 1976 darf Delius' Satire mit geschwärzten Passagen wieder erscheinen.

Zum Abschluss dieses summarischen Rückblicks sei an einen Skandal erinnert, der unsere Aufmerksamkeit vor allem deshalb verdient, weil er an die Jugoslawienkriege anschließt, als die Bundeswehr ihren ersten großen Auftritt hatte und das Militär ganz neue Parteigänger aus dem linksliberalen Spektrum hinter sich versammelte. Der Schriftsteller Peter Handke, Sohn einer Slowenin und mit den Verhältnissen in Jugoslawien bestens vertraut, hatte bereits Mitte der 1990er-Jahre in zwei von bürgerlichen Medien heftig befehdeten Reiseerzählungen »Gerechtigkeit für Serbien« gefordert. (Handke 1996) Sein Duktus in diesen Erzählungen ist romantisch vergoldet (Ripplinger 1997: 236), was ihren Einspruch gegen die revanchistische und antikommunistische Stimmung im Nato-Lager aber nicht entwerten kann.

Am 24. März 1999 begann der schon länger geplante Krieg der Nato gegen das, was von der Bundesrepublik Jugoslawien übrig geblieben war. Die Bundeswehr beteiligte sich an dem menschenrechtlich begründeten Bombardement. Außenminister Joseph Fischer, von dem noch die Rede sein soll, machte auf einem außerordentlichen Parteitag der Grünen sein politisches Schicksal von einer Zustimmung zum Kriegseinsatz abhängig. Während sich in Deutschland einige konservative Politiker gegen den Krieg aussprachen, kam Zustimmung vor allem von linksliberaler Seite; auch Jürgen Habermas und Günter Grass gaben ihr Placet. (Struck 2013: 181, 255)

Handke war während des Krieges in Jugoslawien unterwegs und lieferte darüber zwei weitere Berichte. Im ersten erfasst er ausschnitthaft die Realität aller asymmetrischen Kriege von Vietnam bis Gaza, den zweiten beginnt er mit der Rückkehr nach Frankreich, wo er lebt:

> »Allein manche Kinder scheinen den fernen Krieg heftig zu ahnen. L.: ›Wozu denn Krieg? Zum Vergrößern der Friedhöfe?‹ Geradezu ein Aufschrei – seltsam bei einem Kind. Die Bomben der NATO, aus 5000 Meter Höhe, auf den heim(!)kehrenden Flüchtlingszug der Albaner bei Djakovica im Kosovo, beim Ort Raja: – ›aber jetzt wird doch auf der Stelle etwas geschehen? der Krieg wird eingestellt?‹ Weit gefehlt: kaum zwei, drei Tage danach das total zerbombte Wohnviertel im südserbischen Aleksinac – wie all die Toten zählen? einstellig? zweistellig? dreistellig? Ziellos durch Haus, Garten, Straßen, Wälder des Totschlägerlands irren, und von den paar Mitdenkenden in den anderen Ländern hören, dass auch sie hilflos umherirren bei jedem neuen ›tragischen Irrtum‹, bekanntgegeben in der Kommandozentrale (nie wieder Brüssel) von dem Killersprecher X. Y. (Historiker im Zivilberuf), jenem mit der Harmlosgrinsmaske, wie sie sich manche Bankräuber für ihr großes Ding aufsetzen.« (Handke 2000: 83f.)

Die Texte begleitete er wiederum mit öffentlichen Statements, mit denen er als einer der letzten Verteidiger des jugoslawischen Experiments und als Kriegsgegner auftrat. Sie riefen die inzwischen zu erwartenden Polemiken hervor, die sich schier überschlugen, nachdem Handke 2006 der Heinrich-Heine-Preis der Stadt Düsseldorf zugesprochen worden war.

»Die Entrüstung um die Preisvergabe begann als Provinzposse in der ›Rheinischen Post‹, der dominierenden Düsseldorfer Tageszeitung, ging weiter über einen Kommentar im Deutschlandradio, griff über auf die ›Welt‹, in der Hans Christoph Buch in seinem inzwischen üblichen Stil von einer ›fragwürdige[n] Entscheidung‹ spricht und Handke unterstellt, er verhöhne die Opfer der Jugoslawienkriege, und hatte dann endgültig das überregionale Feuilleton erreicht. Die Mehrheit der Wortmelder kritisierte die Entscheidung mit großer Vehemenz: Johannes Willms spricht [in der ›Süddeutschen Zeitung‹, 27.5.2006] von einer ›Dummheit‹, Hubert Spiegel hält [in der ›FAZ‹, 26.5.] die Entscheidung der Jury für ›unerhört‹ und glaubt sogar, Marcel Reich-Ranicki zitierend, dass Heine ›verhöhnt‹ werde, Iris Radisch bastelt sich eine Glosse über einen ›doppelte[n] Peter‹ und spricht [in der ›Zeit‹, 31.5.] Handke besserwisserisch die politische Satisfaktionsfähigkeit ab, während Hubert Winkels im Deutschlandradio [25.5.] genüsslich die drei Sätze der Jury-Begründung seziert […].« (Struck 2013: 242f.)

Der Literaturkritiker Hellmuth Karasek überbot alle Anfeindungen Handkes noch damit, dass er ihm »nachweislich antisemitische Passagen« in seiner Prosa unterstellte. (Ebd.: 248f.) Es war ein früher Einsatz des Antisemitismusvorwurfs als politischer Sanktion. (Hier zu Zuckermann 2010 und 2019) Den Verurteilungen der Preisvergabe, die nun auf Jury und Autor niederprasselten, standen nur wenige freundliche Stellungnahmen von Kolleginnen und Kollegen (Volker Braun, Elfriede Jelinek) gegenüber. Handke wandte sich daraufhin an den Oberbürgermeister von Düsseldorf, er möge sich die (satzungswidrige) Beratung im Stadtrat über die Preisvergabe ersparen und stattdessen ein Picknick am Rhein veranstalten. Handke hatte damit keineswegs auf den Preis verzichtet (Jamin 2006: 55–65) und wäre selbst dann noch Preisträger, hätte er den Preis abgelehnt, dennoch wird er in den Annalen des Heine-Preises nicht verzeichnet.

Eines unterscheidet die Verfolgung des Antimilitarismus von Peter Handke von den meisten der zuvor betrachteten: Sie ging nicht vom Staat aus. Im Gegenteil bestand die Jury des Heine-Preises mehrheitlich aus Politikern der christlich-konservativen CDU (ebd.: 12f.), die sich, dann aber auf Bundesebene, erst nachträglich gegen Handke wandte. Vereinzelt waren selbst in der großen Empörung noch abwägende Stimmen aus der Politik zu hören, etwa die von Hans-Ulrich Klose (SPD), der den Vorgang mit der Behauptung zu entpolitisieren suchte, Handke werde nicht für »streitbare Ansichten«, sondern »für seine schriftstellerischen Leistungen« prämiert. (Ebd.: 24)

Die Hatz wurde, in seither vertrauter Einmütigkeit, von den Medien organisiert, und wie schon im Krieg selbst spielten die linksliberalen eine entscheidende Rolle. Diese Verschiebung ist im Auge zu behalten, sie verweist auf eine Neuordnung der Gesellschaft nach 1990, als nicht länger die nationale, sondern eine international orientierte Bourgeoisie hegemonial war (dazu gleich mehr).

Exkurs

Auschwitz als Begründung

Joseph Fischers Konversion von Ideologie

»Der große Krieg ist die Wasserscheide zwischen den Welten, von der aus alle, zum Teil vorher schon bestehenden Strömungen des Lebens und Denkens die entgegengesetzte Richtung nehmen.«
Margarete Susman 1939
(Susman 2022: 539)

1991 schrieb der Publizist Wolfgang Pohrt unter dem Eindruck linker Proteste gegen den zweiten Golfkrieg:

> »Je weiter links einer nach gängigem Schema zuvor gestanden hatte, ein desto radikalerer Anhänger jener neuen Volksbewegung war er nun, die sich pazifistisch gab und in welcher Antisemitismus und Hass gegen die Siegermächte plötzlich wieder virulent wurden.« (Pohrt 2020: 52)

Das war damals die Meinung eines krassen Außenseiters und ist heute eine weit verbreitete. Dabei darf getrost ausgeschlossen werden, dass Pohrt auf diese Entwicklung irgendeinen Einfluss gehabt haben könnte, er nahm sie lediglich vorweg. Bei ihm findet man den heute allgegenwärtigen Diskurs in seiner ungeschlachten Urform.

Zwei Aspekte springen ins Auge: Pohrts Argument ist sprachlich schwammig, ja schlecht formuliert – »radikal« lässt sich nicht steigern – und es ist nicht politisch, sondern kulturalistisch angelegt. Es begründet seine kontrafaktischen Behauptungen nicht, sondern bauscht sie demagogisch auf. Besitzt aber »Hass« oder auch »Sympathie« für die Analyse politischer Verhältnisse irgendeine Relevanz? Fiele der Hass erkennbar machtloser Gruppen ins Gewicht? Und welche »Siegermächte« sollten gemeint sein? – Sicher nicht die Sowjetunion, die sich 1991 auflöste. Es kamen nur die USA und Großbritannien in Betracht, weil sie gerade einen imperialistischen Krieg führten. Ist die Ablehnung des Imperialismus aber schon Hass? Ist die Formel »Kein Blut für Öl« gar eine »Nazi-Parole«? (Ebd.: 51) Genügt die Warnung Christian Ströbeles davor, Patriot-Raketen an Israel zu liefern, ihn und die Linke insgesamt des »Antisemitismus« zu zeihen?

Diese Art der Polemik, die Schule machen sollte, schürte Ressentiments. Sie legitimierte den Staat, indem sie den Pappkameraden einer faschistischen Bedrohung von links aufrichtete. Sie schloss an die sittlich-moralische Verurteilung politisch inopportunen Verhaltens an und wurde reizvoll für alle, die, wie die Intellektuellen vor dem Ersten Weltkrieg, in die »nationale Gemeinschaft« aufgenommen sein wollten. Ein Außenseiter des Jahres 1991 nahm vorweg, womit die Opportunisten der Jahre 2020ff. ihre Staatstreue bekundeten.

Einem Politiker, den Pohrt ohne jeden Zweifel – in seiner eigenen Redeweise – »gehasst« hat, gelang es, diese Umkehrung aller Werte politisch nutzbar zu machen: Joseph Fischer. Das glückte dem damaligen Außenminister 1999, in dem Jahr, in dem die Bundeswehr unter Führung der USA Einsätze gegen Jugoslawien flog. Dass ausgerechnet er als Repräsentant einer zuvor pazifistisch gesinnten Partei diesen Krieg mittrug, führte zu Konflikten mit der Basis. Auf dem Kosovo-Sonderparteitag der Grünen am 13. Mai 1999 in Bielefeld konnte Fischer in einer zwanzigminütigen Rede die meisten seiner Parteifreunde ins Boot oder wohl eher in den Kampfjet holen.

Mit einer nur genial zu nennenden Rochade unterstellte er in dieser Rede die alte Rhetorik der Friedensbewegung und der Linken der Befehlsgewalt einer imperialen Kriegspolitik. Er besaß die Kühnheit – oder Unverfrorenheit –, ein großes Tabu zu brechen und von Auschwitz nicht nur zu sprechen, sondern Auschwitz in Dienst zu nehmen. Die Shoah sollte nicht länger das Verbrechen sein, das fortan jegliches kriegerische Engagement deutscher Truppen kategorisch ausschließt, sondern gerade im Gegenteil der moralische Ansporn für eine deutsche Invasion – und das auch noch in ein Land, das von Deutschen 58 Jahre zuvor, während des Balkanfeldzugs, schon einmal überfallen worden war. Es lohnt sich, die Begründung Fischers zu studieren:

> »Geliebte Gegner: Wisst ihr, ein halbes Jahr sind wir jetzt hier in der Bundesregierung. Ein halbes Jahr – ja, jetzt kommt ihr, ich hab darauf gewartet: Kriegshetzer, hier spricht ein Kriegshetzer und Herrn Milošević schlagt ihr demnächst für den Friedensnobelpreis vor. […] Ich war bei Milošević, ich hab mit ihm zweieinhalb Stunden diskutiert. Ich habe ihn angefleht, darauf zu verzichten, dass die Gewalt eingesetzt wird im Kosovo. Es ist der Krieg, ja, und ich hätte mir nie träumen lassen, dass Rot-Grün mit im Krieg ist. Aber dieser Krieg geht nicht erst seit 51 Tagen, sondern seit 1992 […]. Für mich spielten zwei zentrale Punkte […] eine entscheidende Rolle: […] In Solingen, als [es] zu diesem furchtbaren mörderischen Anschlag auf eine ausländische Familie, auf eine türkische Familie, kam. Die rassistischen Übergriffe, der Neonazismus, die Skinheads […]. Ich frage mich, wenn wir innenpolitisch dieses Argument immer verwandt haben, gemeinsam verwandt haben, warum verwenden wir es dann nicht, wenn Vertreibung, ethnische Kriegführung in Europa wieder Einzug halten und eine blutige Ernte mittlerweile zu verzeichnen ist. Ist das moralische Hochrüstung, ist das Overkill? […] Auschwitz ist unvergleichbar. Aber ich stehe auf zwei Grundsätzen, nie wieder Krieg, nie wieder Auschwitz, nie wieder Völkermord, nie wieder Faschismus. Beides gehört bei mir zusammen. Deswegen bin ich in die Grüne Partei gegangen […]. Ihr mögt alles falsch finden, was diese Bundesregierung gemacht hat und die Nato macht. Aber mich würde mal interessieren, wie denn von einem linken Standpunkt aus das, was in Jugoslawien

> seit 1992 an ethnischer Kriegführung, an völkischer Politik betrieben wird, wie dieses von einem Linken, von eurem Standpunkt aus, denn tatsächlich zu benennen ist [...]. Ich war am letzten Sonntag im Flüchtlingslager in Mazedonien. Geht doch mit eurer Position dort hin und redet mit den Menschen. Mal sehen, was die dazu sagen. Es sind die direkt Betroffenen. Es sind die Vertriebenen [...].« (Fischer 1999)

Besonders geschickt ist Fischers Hin- und Herspringen zwischen faschistischen Taten im Inland und einer »völkischen Politik« im Ausland. Er glaubt sich in der angemaßten Rolle eines Praeceptor mundi, eines Lehrmeisters der Welt, für beide gleichermaßen zuständig, ja macht glauben, maßgeblich sei nicht etwa die »Activation Order« der Nato, also ihre Bereitschaft loszuschlagen und einen weiteren Teil der Erde ihrer Ordnung einzugliedern, sondern ein moralisches Gesetz, dem gerade die Deutschen als frühere Verbrecher folgen müssten, um Sühne zu tun. So wie andere Schwerter zu Pflugscharen schmieden, schmiedete er Pflugscharen zu Schwertern und erreichte eine ideologische Konversion von antifaschistischer, pazifistischer Rhetorik in kriegerische. Die Militarisierung der Kultur ist auch ein Werk dieses Sophisten.

Fischers Bielefelder Rede blieb und bleibt von hoher Bedeutung für die Militarisierung der Bundesrepublik in den Jahrzehnten, die folgen sollten, denn fortan wurde die von ihm ersonnene Transformation von politischer in kulturalistische, von strategischer in moralische Logik zu einem Politikstil nicht nur der Grünen Partei. Auch Fischers »not convinced« im dritten Golfkrieg hat an diesem Umstand nichts mehr geändert.

Selbstverständlich hätte selbst ein noch so geschickter Redner eine verstockt pazifistische Partei nicht zu Luftschlägen gegen die Belgrader Zivilbevölkerung überreden können. Fischer ahnte mit dem Gespür des Bonapartisten, dass sich untergründig längst eine gesellschaftliche Veränderung vollzogen hatte. Gerade im Pazifismus, sofern er sich nicht politisch situierte, lag eine Chance für kriegerische Realpolitik. Kriege führen um des Friedens willen! Nicht der Inhalt der moralischen Überzeugungen, sondern das moralische Denken an sich konnte für dieses Paradoxon nutzbar gemacht werden. Der Paradigmenwechsel hatte sich in einem langsamen Mentalitätswandel über Jahrzehnte vorbereitet und ergab sich, wiederum paradoxerweise, aus einer strikten Verweigerung des Nazistischen und Militärischen. Ein Ethnologe resümiert:

> »Eine zynische Bilanz des Wandels der letzten Jahrzehnte könnte etwa so lauten. Der Übergang vom Jugendlichkeitsideal des Zackigen zum Ideal des lässigen Jungen hat folgenden Fortschritt gebracht. Die Kriege des 21. Jahrhunderts werden in der westlichen Welt nicht mehr von schneidigen Militärs auf den Weg gebracht, sondern von zivilen Politikern, die persönlich den Wehrdienst verweigert und in ihrer Jugend Haschisch konsumiert haben. Die Legitimation liefern nicht mehr die nationale Ehre oder der historische Gebietsanspruch, sondern die universalen Menschenrechte oder alltagsökonomische Kalkulationen der kleinen Leute, auf sinkende Benzinpreise etwa. Zur Lässigkeit der 1950er gehörte eine Aufwertung von Verhaltensweisen bei jungen Männern, die mehrheitlich als ›weiblich‹ oder gar ›weibisch‹ definiert wurden. Fortschreitende Gleichberechtigung hat es nun dahin gebracht, dass demnächst alle Waffengattungen mit Frauen besetzt werden.« (Maase 2000: 277)

So verhielten sich die kulturellen Dinge bereits 1999, jedenfalls rein phänomenologisch. Hinter ihnen verbargen sich eine Restrukturierung der Klassengesellschaft und ein reaktionärer Staatsumbau. Noch wenigstens bis 1990 war in Westdeutschland eine nationale Bourgeoisie führend, die sich nur mühsam von alten Ordnungsvorstellungen lösen konnte. Obwohl die Wirtschaft der BRD bereits exportabhängig war, dachte die Elite im Wesentlichen noch im nationalen Rahmen. Diese Bourgeoisie hielt – man erinnere sich an die »geistig-moralische Wende« der Christdemokraten ab 1980 – an patriarchalischen, autoritären Werten fest, sicher auch am Militärischen, was aber auf immer weniger Gegenliebe in der Bevölkerung stieß.

Doch schon die christdemokratische Bundesregierung in den achtziger und frühen neunziger Jahren folgte der kapitalistischen Direktive, mit Deregulierungen auf die Globalisierung zu reagieren. (Fülberth 2007: 209–215) Es bestand also in dieser Zeit, wie in anderen Ländern auch, ein innerer Widerspruch zwischen traditionalistisch-konservativen Werten und einer neoliberalen Politik, deren kultureller Nebeneffekt gerade in der Auflösung dieser Werte lag.

Mitte der 1990er-Jahre kam fast überall in Europa, so auch in Deutschland, eine Klasse an die Macht, die man mit dem marxistischen Theoretiker Nicos Poulantzas »bourgeoisie compradore« nennen könnte. (Der Ausdruck leitet sich vom portugiesischen Wort für »Käufer« her). Während die nationale oder interne Bourgeoisie dem inländischen Kapital verpflichtet, ja mit ihm innig verflochten ist, verfügt die Kompradoren-Bourgeoisie nicht über eine unmittelbare Akkumulationsbasis, sondern fungiert als Zwischenträgerin, als Vertreterin des »ausländischen imperialistischen Kapitals«. (Poulantzas 1974: 78)

Es versteht sich, dass diese Klasse viel besser auf die Globalisierung der Märkte vorbereitet ist und internationale Interessen über nationale stellt. Dabei ist keineswegs gesagt, dass sie sich im Staat, den Poulantzas als »Kampfplatz« der miteinander streitenden Fraktionen der Bourgeoisie beschreibt (Poulantzas 2013: 191 et passim), dauerhaft durchsetzt. Wie in den USA und in zahlreichen anderen Staaten zu beobachten, drängen Vertreter des nationalen Kapitals, angeführt von Rechtsliberalen und Nationalisten wie Recep Tayyip Erdoğan, Marine Le Pen, Giorgia Meloni, Viktor Orbán, Donald Trump mit Macht an die Spitze des Staates, die sie auch immer wieder erreichen. Schematisch ausgedrückt, steht mit ihnen Isolationismus gegen Imperialismus. Das will nicht besagen, dass die Nationalisten gar keine außenpolitischen Interessen verfolgten (Trump mischt sich, seiner evangelikalen Wählerschaft zuliebe, in Israel ein, auch einem Wirtschaftskrieg mit China dürfte er nicht abgeneigt sein), aber doch, dass sie ihre Schwerpunkte anders setzen. Auch stellt sich die Frage, wer sich in einer globalisierten Weltwirtschaft auf lange Sicht Isolation und Protektionismus leisten kann. Für die Bevölkerung mag der Unterschied darin bestehen, dass die Nationalisten sie seltener zu den Waffen rufen (man denke an Marine Le Pens Erklärung, sie wünsche nicht, dass französisches Blut auf dem ukrainischen Schlachtfeld vergossen wird). Sonst bleibt hingegen vieles gleich: Das nationale Kapital fordert autoritäre Verhältnisse, um, von Streiks und Störungen unbehelligt, Profite abschöpfen zu können. Das internationale Kapital braucht – nicht als Selbstzweck, aber doch als Mittel – am Ende ebenfalls autoritäre Verhältnisse, weil seine Invasionen und Stellvertreterkriege zu Hause geduldet und finanziert werden müssen.

Immerhin hat sich nach 1990 gezeigt, dass die nun hegemoniale, international ausgerichtete Klasse frischen Wind in die kulturelle Landschaft brachte. Im Zuge der Neoliberalisierung wurde ihr Aufstieg nicht nur von der Schwerfälligkeit der nationalen Bourgeoisie, sondern auch vom Niedergang der proletarischen und linken Proteste begünstigt. Diese Klasse vertrat kaum je die Forderung nach »sozialer Gerechtigkeit«, rückte dafür deutlich von alten, beschränkten Schemata zugunsten von europäischen, atlantischen oder Nato-Lösungen ab, stand zugleich für liberale Prinzipien wie die Abkehr vom überkommenen Familienmodell, für den Schutz von Minderheiten, geregelte Einwanderung, außerdem, natürlich, für Ökologie. Es ist diese Klasse, die in »Green New Deals« denkt, für die Agenda 2010 gesorgt hat und mit dieser gern als »zentristisch« oder modernistisch verstandenen neoliberalen Strategie ein Vorbild etwa für Frankreich war (Amable/Palombarini 2021: 92–94). Was die deutsche Politik betrifft, wird dieser neue soziale Block von den Grünen, von der SPD (inzwischen sogar im Gewerkschaftsflügel), aber mehr und mehr auch von der CDU (Ursula von der Leyen oder Friedrich Merz) repräsentiert, während sich die nationalen Kräfte vor allem in der AfD (Alternative für Deutschland) und der CSU sammeln.

Doch auch der neue soziale Block hat mit einem inneren Widerspruch zu kämpfen. Im Ukrainekrieg trat er offen zutage: Die mittel- und langfristigen geopolitischen, in letzter Instanz ökonomischen Interessen des Blocks zwingen ihn dazu, nicht nur das nationale, sondern auch einen Teil des transnationalen Kapitals zurückzustutzen. Alle, die Handel mit Russland trieben oder auch von billiger Energieversorgung abhängig waren, sahen sich nun vor ernsthafte Probleme gestellt.

> »Wie sich gerade am Ukraine-Krieg und der Sanktionspolitik zeigt, müssen die Profitinteressen der Konzerne aus dem Westen hinter den geopolitischen Interessen zurückstehen und sich z. B. den Sanktionen anschließen. Das gilt mehr noch für die sogenannte internationale Zivilgesellschaft.« (Wahl 2023: 26)

Zu kurz kommen längst nicht alle, denn anders würde diese Politik nicht gemacht. Ja, es besteht ein Wechselverhältnis zwischen Staat und Kapital, und nicht immer eilt das Kapital voraus, ja, der Staat eröffnet nicht selten Wege, die das Kapital beschreiten kann, wenn es sich nur als wandlungsfähig genug erweist. Außerdem verfügen alle, die zu kurz kommen, über Druckmittel genug, um ihre Interessen geltend zu machen. Dann erwachsen der neuen Führung, je mehr sie sich im Ausland engagiert, umso mehr Vorbehalte im Inland, und nicht nur aus den Lobbyverbänden der Familienunternehmen.

Der »nationale Integrationsmodus«, simpel gesagt: der Zusammenhalt der Gesellschaft, blieb deshalb eine Aufgabe und musste mit dem Transnationalen, also dem Imperialismus, vereinbart werden. (Mau 2007: 292) Das gelang mal mehr, mal weniger, aber insgesamt verblüffend gut, wohl deshalb, weil zwar einzelne Bestandteile nationaler Kultur verabschiedet, dafür andere revitalisiert wurden. Wir sahen auf der einen Seite einen allmählichen Untergang autochthoner Kultur und Gesellung, erkennbar etwa am Bedeutungsverlust der Kirchen, auf der anderen Seite einen Aufstieg des Militärischen und Obrigkeitsstaatlichen. Kulturelle Vielfalt und Verteidigungsfall, Nachhaltigkeit und Nato, Biodiversität und Befehlstaktik miteinander zu versöhnen, gehörte zu den Aufgaben der neuen Führungsschicht.

Joseph Fischer war einer der ersten Vertreter dieser herrschenden Klasse, die in Kriegen denkt und von Moral spricht. Er hat zahlreiche Nachfolgerinnen und Nachfolger gefunden. Sie werden, soviel darf man voraussagen, immer mit dem Problem zu kämpfen haben, der heimischen Bevölkerung beibringen zu müssen, weshalb sie für internationale Einsätze bluten soll. Auch ergibt sich aus der Politik dieser Fraktion der Bourgeoisie der pikante Widerspruch, dass sie sich immer häufiger gezwungen sieht, ihren zur Schau gestellten Humanismus auf inhumane Weise und ihre Werte mit Waffen durchzusetzen. Und nicht immer werden ihr höhere Gewalt, Sachzwänge wie Corona zuhilfe kommen.

»Wir sind im Krieg«

Verbot und Förderung von Kunst in der Corona-Zeit

»Doch wurde mir immer mehr bewusst,
dass es kein Ding-an-sich, sondern
nur Dinge in einem Verhältnis zu anderen Dingen,
Leute in einem Verhältnis zu anderen Leuten gibt.«
Marcia Nardi, 18.6.1949
(Nardi/Williams 1994: 143)

Weder war die Bundesrepublik Deutschland vor Corona (Covid-19) mehr als eine formale Demokratie, noch war sie danach eine faktische Diktatur, aber das »Mehr Diktatur wagen!« des Schriftstellers Thomas Brussig sprach erkennbar vielen aus der Seele. Für alle diejenigen, die die Umgestaltung der Gesellschaft in die Hände eines starken Staates legen wollten, kam diese Krankheit wie gerufen. Es waren dies, anders als man hätte annehmen können, nicht die Rechten (die AfD warnte wiederholt vor übertriebenen Schutzvorkehrungen), sondern zuvor linksliberal oder gar linksradikal positionierte Akteurinnen und Akteure.

Was sozialistische Politik gefordert hätte, wurde von der in Deutschland hauptsächlich von Kleinbürgern und Bürgern getragenen Linken fast durchweg nicht befolgt (Hanloser/Nowak/Seeck 2021). Die Partei Die Linke trat für eine allgemeine Pflicht ein, sich mit wenig erprobten Mitteln impfen zu lassen, (Baron 2021) und die akademischen Ausläufer der linksliberalen Szene überboten die drakonischen Erlasse des Staates mit einem eigenen »Zero Covid«-

Plan, der nach dem Vorbild Chinas eine Einstellung der kompletten Produktion und Distribution des Landes bei nur mehr notdürftiger Grundversorgung vorsah. (Bohnstingl/Obermayr/Reitter 2023: 276–282) Ausgerechnet das linksliberale Bürger- und Kleinbürgertum, das sich sonst so viel auf seine Toleranz zugute hält, eiferte gegen Kritikerinnen und Kritiker, die

> »als Coronaleugner, als Verharmloser, Schwurbler oder Querdenker [erschienen]. Und zwar schon deshalb, weil sie in ihrer Diskussion nicht im Bann der Gegenwart stehen.« (Lehmann 2022)

Wer öffentlich über das System und die Zukunft des Systems nachdachte, galt nun als Schädling. Dabei waren in dieser Krise grundlegende soziale Fragen berührt. Denn soziologisch gesehen, handelte es sich bei Covid-19 nicht um eine Pandemie, sondern um eine »Syndemie«, bei der die »ökonomisch schwächsten Bevölkerungsgruppen, bei denen sich andere Krankheiten häufen«, auch diejenigen waren, »die unter Covid-19 und der Covid-19-Politik am meisten zu leiden haben«. (Desbiolles u. a. 2021) Kaum einer nahm Rücksicht auf diese wahrlich vulnerablen Gruppen, dafür blies man zur Jagd auf alle, die sich der nachweislich riskanten Impfung (Blankenagel 2021) verweigerten. »Ungeimpfte sind schuld an den Impfdurchbrüchen der Geimpften«, behauptete etwa, wahrheitswidrig, Stephan Weil, der sozialdemokratische Ministerpräsident Niedersachsens.

In der Folge der Maßnahmen kam, im Norden wenig beachtet, eine Hungersnot auf, unter der fast zehn Prozent der Weltbevölkerung zu leiden hatten und die ungezählte Leben kostete. Afrikanische Bauern sahen sich gezwungen, ihre Ernte wegzuwerfen, weil die Grenzen geschlossen blieben und die Ware nicht mehr zu ihren Abnehmern kam; prekär Beschäftigte aus dem informellen Sektor (Gastronomie, Boten, Erntehelfer) standen aufgrund von Lockdowns plötzlich ohne Einkommen da; Kinder waren von der Schulspeisung abgeschnitten und so weiter. (Gérard 2021) Der Generaldirektor der Weltgesundheitsorganisation Tedros Adhanom

Ghebreyesus gewann den Eindruck, dass während der Corona-Krise die Menschen im Norden wieder einmal »gleicher als gleich« sein wollten. (Gresh 2024b: 43)

Aber auch bei uns gab es nun Menschen erster und zweiter Klasse, Menschen, die arbeiten mussten, und Menschen, die ins Home-Office durften. Wie alle Pandemien, schrieb ein Jurist, habe auch diese »autoritäre Werte und Strukturen (und eher nicht Solidarität oder Fürsorge)« verstärkt. (Frankenberg 2022: 441 et passim) Doch gab es Pandemien mit vergleichbar hohen Opferzahlen, etwa die Hongkong-Grippe (1968–1970), die fast unbemerkt vorübergegangen waren (Anonym 1969).

Die erheblichen Eingriffe in sämtliche bürgerlichen Freiheitsrechte, so auch in die Kunstfreiheit, begründete man gern mit der Allegorie, die Menschheit befinde sich nun im »Krieg«. Der französische Staatspräsident war der Erste, aber nicht der Letzte, der dieses Wort gebrauchte. »Nous sommes en guerre«, verkündete er in einer Fernsehansprache am 16. März 2020 (Bourrinet 2020: 27). Zwei Tage später nahm die deutsche Kanzlerin den Ball auf und erklärte im Fernsehen, seit dem »Zweiten Weltkrieg gab es keine Herausforderung an unser Land mehr, bei der es so sehr auf unser gemeinsames solidarisches Handeln ankommt« (Merkel 2020). Nicht die Kanzlerin, sondern ihr sozialdemokratischer Nachfolger ernannte einen Militär, Generalmajor Carsten Breuer, zum Leiter des Corona-Krisenstabs.

Die Rede vom Krieg und von der »Solidarität« der sauberen Bürgerinnen und Bürger ermöglichte »die Klarheit einer Innen-Außen-Grenzziehung, die das als homogen imaginierte Innen der Gemeinschaft einem feindlichen Außen gegenüberstellt« (Scharf 2020: 186). Wie sich zeigen sollte, gehörten im Fall Corona zum feindlichen Außen bald nicht nur das Virus selbst, sondern auch alle, die Einwände gegen die Maßnahmen erhoben, auch wenn diese Einwände noch so gut begründet sein mochten.

Nicht zu den Feinden im engen Sinn, aber doch zu den Ausgeschlossenen und auf ihre Plätze Verwiesenen gehörten die vielen, die einer nicht »systemrelevanten« Tätigkeit nachgingen, namentlich die Künstlerinnen und Künstler, die über viele Monate hinweg ein Auftrittsverbot erhielten, das viele Karrieren beenden sollte. Das vorher wenig beachtete Verhältnis von Kunst und Staat trat so in eine neue Phase ein.

Deutschland unterscheidet sich von etlichen anderen kapitalistischen Ländern durch sein relativ engmaschiges Netz an Kultur-Subventionen. Ob die »staatliche Kulturförderung« in Deutschland wirklich »weltweit ihresgleichen sucht«, (Grütters 2021: 420) wie eine Kulturstaatsministerin tönte, sei dahingestellt (in Österreich und in der Schweiz fördert die Öffentliche Hand zum Teil großzügiger), doch ist die Sorge des deutschen Staates darum, dass die Bürgerinnen und Bürger regelmäßig ihre »unverzichtbare Seelennahrung« (ebd.: 421) erhalten, bemerkenswert genug. Andere Hilfsbedürftige werden knapper abgefunden.

Die deutsche Kulturpolitik ist föderal organisiert. Nicht allein aus diesem Grund befindet sich zwischen Förderstelle und Nutznießerin oder Nutznießer ein »nahezu undurchschaubare[s] Dickicht an Gewalten, Funktionsebenen, Instrumenten und Fördermechanismen«, in die Verwaltungen, Gewerkschaften und Lobbyverbände ebenso eingebunden sind wie private Fonds, Stiftungen und Netzwerke. (Schmidt 2022: 581f.) Wie sich gerade in der Corona-Zeit erwies, schloss diese Bürokratie viele freie Künstlerinnen und Künstler aus, während professionell arbeitende Theater, Opern, Konzerthäuser stets wussten, welche Knöpfe sie drücken mussten, um Unterstützung zu erhalten.

Bis 2020 war häufig die Kritik zu hören, die Fördersummen könnten höher sein, sie kämen zu selten der Off-Szene zugute. An der engen Bindung von Kunst und Staat aber nahmen nur wenige Anstoß. Im Gegenteil, man wünschte sich eine »neue Partnerschaft« zwischen Kulturpolitik und Künsten, eine innigere noch. (Ebd.: 648) Selbstverständlich wurden von jeher »kulturelle Leuchttürme« und ähnliche Einrichtungen von »nationaler Bedeutung« stärker gefördert als Agit-Prop-Gruppen. Doch allein schon wegen mangelnder

Kompetenz hielt sich die Öffentliche Hand mit Einflussversuchen zurück. Ja, wie mir der Konzeptkünstler Hans Peter Feldmann einmal sagte, waren die reaktionärsten Politiker oft die kunstfreundlichsten; er fühle sich in Bayern eher willkommen als in Bremen. Doch dann wurde, mit einem Schlag, Kunst systemirrelevant.

> »Das erste Corona-Jahr 2020 stellte einen tiefen Einschnitt dar. Der Umsatzverlust der Kultur- und Kreativwirtschaft in Europa beträgt im Vergleich zum Vorjahr 31 % und ist damit größer als der Umsatzverlust der Tourismuswirtschaft mit 27 % oder der Automobilbranche mit 25 %. Innerhalb der Kultur- und Kreativwirtschaft ist der Umsatzverlust im Markt für darstellende Kunst europaweit mit 90 % am höchsten, gefolgt von der Musikwirtschaft (–76 %), der Bildenden Kunst (–38 %) und der Architektur (–32 %). Umsatzverluste unterhalb des Durchschnittswerts haben folgende Branchen zu verzeichnen: Werbung (–28 %), Buchbranche (–25 %), Zeitungen und Zeitschriften (–23 %), audiovisuelle Inhalte (–20 %). Einzig und allein die Gamesindustrie konnte europaweit einen Umsatzzuwachs von 9 % aufweisen.« (Zimmermann/Schulz 2021: 96)

Der Staat hatte ein Kind, das ihm, wie die peinlichen Laudationes von Bürgermeistern und Ministerinnen regelmäßig bewiesen, eher fremd war, am Leben gehalten, ohne Gegenliebe zu verlangen. Nun fügte er ihm zwar eine narzisstische Kränkung zu, indem er ihm über viele Monate jede Tätigkeit untersagte, milderte die Kränkung jedoch sogleich mit Nothilfen ab. Allein das Programm »Neustart Kultur« verfügte über eine Milliarde Euro. – Kein Vergleich mit den inzwischen über 70 Milliarden fürs Militär. Doch immerhin, gefördert wurde die Kunst nun, wenn auch nur auf kurze Zeit, nach dem Gießkannenprinzip, etliche freie Künstlerinnen und Künstler erhielten zum ersten Mal in ihrer Karriere Geld vom Staat und zeigten sich überaus dankbar.

Es stellte sich bei dieser Gelegenheit heraus, dass viele Künstlerinnen und Künstler den wohl nicht unberechtigten Eindruck hatten, ihr Schicksal hinge davon ab, wer in einer Auswahl-Jury sitzt

(Schmidt 2022: 586). Doch sollte sich in den Jahren nach Corona zeigen, dass dies noch ihre geringste Sorge sein musste. Bald wurden alle, die Förderung beantragten oder sich auf einen Auftrag bewarben, nach strengen polizeilichen Methoden durchleuchtet. Bestand aus biografischen Gründen eine Nähe zu Russland, hatte jemand eine heikle Petition unterzeichnet oder einen kritischen Post auf Instagram abgesetzt, konnte er oder sie sich damit ein unausgesprochenes Berufsverbot einhandeln. Corona stellte so gesehen einen Wendepunkt dar. In dieser Zeit wurde das vorher eher unpersönliche Verhältnis zwischen Staat und Kunst sehr persönlich, aber in der Folge nicht selten schmerzhaft. Die Nachwehen der Corona-Förderung setzten bereits mit dem Krieg in der Ukraine ein.

Male mir Blau und Gelb

Instrumentalisierung und Ausschluss von Kunst im Ukrainekrieg

»It must all be like second nature
Chopping down the people where they stand«
John Cale, »Graham Greene«

Auch wenn seine Eliten das Land nun »kriegstüchtig« machen wollen, ist verblasst, worin sich die Einheit von Kunst, Staat und Krieg traditionell manifestiert hat: im Denkmal. Das Denkmal vertritt auf symbolische Weise den Sieg, die Niederlage, die Helden, die Opfer der imaginierten Gemeinschaft. Am Denkmal versammelt sich an dafür vorgesehenen Tagen die Führung eines Staates oder einer Partei, legt Blumen nieder, zupft auf rituelle Weise an Flaggen und Gebinden und hält patriotische oder pazifistische Reden.

Wie sehr die bereits weitgehend atomisierte Gesellschaft der Bundesrepublik von diesen gemeinschaftstiftenden Bräuchen entfernt ist, führt Peter Eisenmans Holocaust-Mahnmal (2005) in Berlin vor Augen. Dieses Mahnmal weist zwei Besonderheiten auf: Es ist dezentriert, bietet also weder eine natürliche Kranzabwurfstelle noch überhaupt einen Mittelpunkt. Und es stellt auf seine Weise das Problem der Darstellbarkeit, das die gesamte Moderne und Postmoderne umtreibt. (Jameson 2007: 142)

Sowohl die Ukraine als auch die Russische Föderation sind Länder, die nicht nur einen rücksichtslosen Oligarchen-Kapitalismus, sondern auch eine traditionalistische Symbol- und Darstellungspolitik praktizieren. Sie befinden sich also kulturell noch gar nicht ganz in der Moderne. Sie stellen auf traditionelle Weise dar und binden so Gemeinschaft. Wir haben es mit einer Asynchronie der Entwicklung zu tun: Die Wirtschaft versucht, die Anforderungen von BlackRock zu erfüllen, die offizielle Kultur schleppt das 19. Jahrhundert mit.

Die für diese beiden Länder hohe Bedeutung von Denkmälern stellen sie unter Beweis, indem sie sie in großer Zahl errichten oder in noch größerer Zahl abreißen. Entsprechend hatte die ukrainische Regierung schon zwei Jahre nach dem Maidan 5.500 Lenin-Statuen schleifen lassen, dafür stellte sie Denkmäler zu Ehren des faschistischen Volkshelden Stepan Bandera auf, den sie auch auf andere Weise ehrte. (Colas 2023: 106) In Russland wiederum blieben die Lenin-Denkmäler zwar unversehrt, aber wurden mit Statuen zu Ehren Peters des Großen, außerdem von solchen des von den Bolschewiki ermordeten und von der Russisch-Orthodoxen Kirche heilig gesprochenen Zars Nikolaus II. oder auch des Kriegerkönigs Wladimir I. flankiert. (Ebd.: 104) Diese patriotisch-kriegerische Propaganda ergänzten flächendenkend Benennungen und Umbenennungen von Straßen und Plätzen.

Sowohl in Russland als auch in der Ukraine wurden Führerfiguren, Kriegschauvinismus, Paraden, Aufmärsche, Ordensverleihungen, völkisch-nationalistische Embleme gepflegt. (Becker 2024: 162) Es sei festgehalten, dass solche martialische Propaganda im Wesentlichen vom Staatsapparat ausging. Diese Länder haben ihre eigene Art und Weise, kriegstüchtig zu werden. Auch wenn die Ukraine eine lange faschistische Tradition kennt, waren antirussische Ressentiments und nationalistische Parteien in der Ukraine vor 2014 marginal, selbst auf dem Maidan hatten die Freikorps des »Rechten Sektors« einen Anteil von lediglich zwischen zehn und zwanzig Prozent. (Wahl 2023: 52; Ishchenko 2022: 22) Doch die Rechte war nicht nur besser, nämlich militärisch, organisiert und verfügte über die simpleren Botschaften (Petro 2023: 106–120), sie wurde auch, wissentlich oder unwissentlich, von westlichen Akteuren, ob US-

Beratern oder NGOs (Non-Governmental Organizations), unterstützt oder überhaupt erst aufgebaut. Und der Krieg tat sein Übriges.

Krieg macht Kultur primitiv, und so gelangten diese bei uns längst überwunden geglaubten, vormodernen Kundgebungen auch ins kriegerische Deutschland zurück – zunächst in Form von Verboten. Ein bezeichnendes Beispiel: Am Sowjetischen Ehrenmal in Berlin-Treptow versammeln sich jedes Jahr am 8. und 9. Mai Antifaschistinnen und Antifaschisten, um des Siegs der Roten Armee über die Wehrmacht zu gedenken. An diese Demonstrantinnen und Demonstranten erging folgende polizeiliche Verfügung:

> »In der Zeit vom 8. Mai 2024, 6:00 Uhr bis zum 9. Mai, 22:00 Uhr wird in den unter II. bezeichneten Bereichen der Gemeingebrauch öffentlicher Flächen und die Versammlungsfreiheit dahingehend beschränkt, dass
>
> a. das Tragen von militärischen Uniformen und Teile [sic] von Uniformen,
> b. das Tragen von militärischen Abzeichen,
> c. das einzelne oder hervorgehobene Zeigen der Buchstaben ›V‹ oder ›Z‹,
> d. das Zeigen von St.-Georgs-Bändern,
> e. das Zeigen von Fahnen oder Flaggen mit russischem Bezug, Wappen der Union der Sozialistischen Sowjetrepubliken (UdSSR), von Belarus, der autonomen Teil-Republik Tschetschenien sowie Bildnisse der jeweiligen Staatsoberhäupter,
> f. das Zeigen von Symbolik und Kennzeichen, die geeignet sind, den Russland-Ukrainekrieg zu verherrlichen, z. B. das Zeigen der Flagge der Union der Sozialistischen Sowjetrepubliken (UdSSR), das Verwenden von russischen und sowjetischen Militärflaggen, das Zeigen von Darstellungen des ukrainischen Staatsgebietes ohne den Donbass (Oblaste Luhansk und Donezk, Cherson, Saporischschja und der Krim), Flaggen der Separatistengebiete Luhansk und Donezk und der derzeit unter russischer Kontrolle stehenden Gebiete Cherson, Saporischschja und der Krim,

g. das Abspielen und Singen russischer Marsch- bzw. Militärlieder, (insbesondere aller Varianten des Liedes ›Der Heilige Krieg‹, Swjaschtschennaja woina),
h. das Billigen des derzeit von Russland gegen die Ukraine geführten Angriffskrieges sowie Verhaltensweisen, die dazu bestimmt und geeignet sind, Gewaltbereitschaft zu vermitteln

untersagt sind.« (Polizei Berlin 2024)

Alte Symbolik gelangt durch das Verbot zu neuer Bedeutsamkeit. Man beachte die absichtliche Vermischung von russischen mit sowjetischen Symbolen. Es heißt, der aktuelle Krieg werde mit sowjetischen Zeichen (unter anderem mit dem St.-Georgs-Band oder dem Lied »Der Heilige Krieg«) »verherrlicht«. Es ist schwer, darin keinen Revanchismus zu sehen. Wir erinnern uns, dass der deutsche Einmarsch in die Sowjetunion 27 Millionen Bürgerinnen und Bürgern dieses Landes das Leben gekostet hat. Versuchte man, die Erinnerung an dieses nicht zu sühnende Verbrechen mit dem Ukrainekrieg zu ersticken? Ja, sollte es – man wagt kaum, es zu denken – gerechtfertigt werden? Darauf ließe sich nur mit einer alten Losung antworten: Hände weg von Sowjetrussland!

Oder lässt sich die Maßnahme der Polizei anders deuten, etwa als Eindämmung von »Gewaltbereitschaft«? Dagegen spricht eine Erfahrung, die die Teilnehmerinnen und Teilnehmer der riesigen Demonstration »Aufstand für Frieden« am 25. Februar 2023 machen mussten. Vor der Kundgebung hatten sie sich drei Dutzend polizeiliche Auflagen nach Art der oben zitierten anzuhören, nach der Kundgebung stießen sie auf ukrainische Nationalistinnen und Nationalisten, die, von der Polizei unbehelligt, an der Straße Unter den Linden in Uniformen und mit Flaggen auf einem ausgebrannten und für einige Tage vor der Russischen Landesvertretung abgestellten Panzer posierten und den nach Hause strebenden Friedensaktivistinnen und -aktivisten »Schande! Schande!« zuriefen.

So kehrte etwas ganz Altes, scheinbar längst Überwundenes in die deutsche Kultur zurück. Dabei hatte der Atavismus von Fahnen und Fackeln schon etwas früher fröhliche Urständ gefeiert. Vor kaum einer staatsnahen Institution fehlte seit 2022 die blau-gelbe Fahne der Ukraine. Auch zuvor denkbar unpolitische und auf ihre Eigenständigkeit bedachte Kultureinrichtungen sahen sich von Staat und Medien genötigt, ihre Solidarität mit der Ukraine unter Beweis zu stellen und so wenigstens indirekt *eine Nation darzustellen.*

Pflichtschuldig und staatstreu wurden schon seit 2022 in großer Eile Ausstellungen mit ukrainischer Kunst aufgelegt. Eine Auswahl: »The Captured House« (Alte Münze, Berlin, 8.–15.5.2022); »Worth Fighting For« (eigener Ausstellungsraum, Köln, 15.11.–14.12.2022); »Sense of War« (Frappant, Hamburg, 13.1.–22.1.2023); »Früchte des Zorns – Versuch einer Annäherung: Ukraine« (Haus am Lützowplatz, Berlin, 20.1.–19.3.2023); »From 1914 Till Ukraine« (Kunstmuseum Stuttgart, 11.3.–23.7.2023); »Timeless. Contemporary Ukrainian Art in Times of War« (Bode-Museum, Berlin, 17.3.2023–17.3.2024); »Motherland: Ukrainische Künstler:innen hinterfragen Heimat« (Museum Ephraim-Palais, Berlin, 4.5.–15.9.2023); »Kaleidoskop der Geschichte(n). Ukrainische Kunst 1912–2023« (Albertinum, Dresden, 6.5.–10.9.2023); »Ukrainische Moderne 1900–1930« (Museum Ludwig, Köln, 3.6.–24.9.2023); »Kunst und Leben in Zeiten des Krieges« (Württembergischer Kunstverein, Stuttgart, 17.6.–13.8.2023); »Ukraine für immer« (Galerie Kunst-unter-uns, Lörrach, 11.8.–9.9.2023); »Wenn der Krieg ins Museum kommt. Kunst von Kindern und Jugendlichen aus der Ukraine« (ZKM Karlsruhe, 26.1.–25.2.2024); »Kyiv Perenniale« (nGbK, Berlin, 23.2.–9.6.2024); »Kunst deines Nachbarn. Kunst aus der Ukraine« (Städtische Galerie im Haus der Begegnung, Pfaffenhofen, 18.5.–9.6.2024).

Vor diese Charme-Offensive der Kunst hätte man, angesichts des niedrigen Informationsstands der Bevölkerung, wohl eine Ausstellung setzen müssen, die über die verwickelte Geschichte der Ukrainerinnen und Ukrainer informiert, über ihre alte Verbindung mit Russland, die auf das 17. Jahrhundert zurückgeht, als sie den Zar um Schutz vor den Polen baten (Petro 2023: 41), über den Versuch der ersten ukrainischen Nationalisten im 19. Jahrhundert, nicht etwa Unabhängigkeit zu erreichen, sondern Russland in eine Föderation zu verwandeln (ebd.: 45), Lenins Versuch, genau diese föderale Struktur zu gewähren, seine Politik der »Ukrainisierung«, die dafür sorgte, dass, nachdem es noch 1917 fast keine ukrainischen Schulen gegeben hatte, 1932/33 nahezu alle Ukrainerinnen und Ukrainer auf dem Gebiet der UdSSR muttersprachlichen Unterricht genossen, (Jobst 2022: 202) über die Hungerkatastrophe 1921/22, bei der fünf Millionen Menschen umkamen und die Hungerkatastrophe 1932/33, die zwischen drei und sieben Millionen forderte. Diese zweite Katastrophe wurde als »Holodomor« vom Bundestag gegen den Rat aller seriösen Historikerinnen und Historiker zu einem »Genozid« erklärt. Um den gewünschten Effekt zu erzielen, hätte man mit etwas Fantasie noch weiter gehen können: Der Schriftsteller Iwan Dratsch glaubte, nicht nur der Holodomor, auch der Reaktorunfall von Tschernobyl sei ein Versuch der Sowjets gewesen, die Ukraine auszulöschen. (Ebd.: 247)

Bei der Gelegenheit einer solchen historischen Ausstellung wären auch die vielen dunklen Flecke der ukrainischen Geschichte zum Vorschein gekommen, etwa die sich in den 1930er-Jahren ausbreitenden faschistischen Tendenzen (Fediunin/Richard 2024: 12) und die in diesem Landstrich von jeher besonders häufigen antisemitischen Pogrome, die sich im Zweiten Weltkrieg noch zuspitzten:

> »Viele Bewohner der Ukraine entschieden sich – vom Kriegsfieber ergriffen – dafür, mit den Besatzern zusammenzuarbeiten und wurden unter anderem auch als Aufpasser in den Todeslagern Sobibor, Treblinka und Bełżec eingesetzt. In vielen Städten der Westukraine brachte die nicht-jüdische Bevölkerung Juden um, ohne auf die explizite Anordnung der Besatzer zu warten. Auf der anderen Seite nimmt die Ukraine auf der Liste von Yad Vashem, die Nicht-Juden verzeichnet, die ihr Leben riskierten, um Juden vor den Nationalsozialisten zu retten und daher als ›Gerechte unter den Völkern‹ gelten, den vierten Platz ein.« (Podol's'kyi 2008: 446f.)

Man hätte an die ukrainischen Freiwilligen der noch heute in ihrem Land gefeierten SS-Division Galizien und an die 11.000 ukrainischen Angehörigen der Waffen-SS erinnern können, die mit gefälschten

Pässen und mit Hilfe des Vatikan ab 1946 nach Nordamerika und Australien flüchteten. In den USA haben sie, in Lobbygruppen organisiert und von antikommunistischen Vereinen begünstigt, Einfluss auch auf die große Politik nehmen können. (Becker 2024: 163)

Auch interessant wäre es gewesen, dass 1.600 ukrainische Soldaten am dritten Golfkrieg teilnahmen (Wahl 2023: 69) und welchen Einfluss die USA auf die Geschichte des Landes genommen haben, ja, was die USA überhaupt an diesem von ihnen aufgerüsteten Land reizt. Die Verfolgung von sexuellen und ethnischen Minderheiten in der Ukraine, der Antikommunismus ihrer Regierung, die scharfe Zensur, die Korruption, die Dumping-Löhne, die Aufhebung des Kündigungsschutzes am 17. August 2022 – all dies und mehr wäre gerade für geschichtsbewusste Deutsche interessant gewesen, stattdessen präsentierte man das Land als Hort der Demokratie, des Fortschritts und des Humanismus, das mehrfach unschuldiges Opfer einer gierigen Großmacht geworden sein soll.

Das wahre Verbrechen wider den Geist bestand aber darin, dass man die über Jahrhunderte eng verflochtene Kultur der Ukrainer und der Russen entlang ethnischer Linien separierte. Besonders resolut wurde diese Politik in der Ausstellung »Ukrainische Moderne 1900–1930« des Museums Ludwig, Köln, exerziert. Etwa hob eine Zeittafel die Gründung der Kiewer Liga zur »Entwicklung der zeitgenössischen jüdischen Kultur« 1918 hervor. Die Ukraine als Förderin des Jüdischen herauszustellen und zu verschweigen, dass kurz zuvor die galizischen Juden in Pogromen ermordet worden waren (Jobst 2022: 173), hatte ein Geschmäckle. Beiläufig sei erwähnt, dass erst die Februarrevolution den jahrhundertealten Antisemitismus in Russland unterband (leider nicht endgültig, wie wir wissen).

Weiter auf der Zeittafel: »Jan[uar] 1918. Die Ukrainische Volksrepublik proklamiert ihre volle Unabhängigkeit und erklärt dem eindringenden bolschewistischen Russland den Krieg«. Diese Volksrepublik hatte jedoch, schreibt Kerstin S. Jobst in ihrer von den Landeszentralen für politische Bildung herausgegebenen »Geschichte der Ukraine«,

> »nur wenig Rückhalt in der Bevölkerung. Die überwiegend russische oder russifizierte Stadtbevölkerung war für eine diffuse ukrainische Idee nur schwer zu begeistern, die durch das Fronterlebnis radikalisierten Soldaten interessierten sich genauso wie die Bauern primär für soziale Veränderungen.« (Ebd.: 176)

Die zentrale These der Kölner Ausstellung bestand darin, dass die Ukraine, wie sich an ihrer Kunst der 1920er-Jahre erweise, ein fortschrittliches Land gewesen sei, das unglücklicherweise auf eine auch künstlerisch rückschrittliche, despotische Großmacht traf. Es ist nicht schwer zu erraten, welche politische Funktion genau diese These in einer Situation zu spielen hatte, in der sich der Werte-Westen mit dem Barbaren-Osten messen wollte.

Doch das Kölner Narrativ lässt sich zurückweisen, ohne auch nur die Geburtsorte der Künstlerinnen und Künstlern zu kennen. Denn alle großen Avantgarden seit dem späten 19. Jahrhundert waren internationalistisch ausgerichtet. »Unsere internationale Schriftstellerfront heißt Vereinigung revolutionärer Schriftsteller«, rief der sowjetische Schriftsteller Sergej Tretjakow noch 1934. (Tretjakow 1985: 119)

> »Kann es uns sowjetischen Schriftstellern gleichgültig sein, warum [John] Dos Passos sich in irgend etwas verfangen hat. Müssen wir uns nicht darum kümmern, was [Theodore] Dreiser jetzt tut. Und aufs höchste sollten wir alarmiert sein, wenn plötzlich Brecht oder Anna Seghers in Schwierigkeiten geraten. Im Briefwechsel stehen, Meinungen austauschen, voneinander lernen und einander achten – so entwickeln sich enge, fruchtbare Beziehungen.« (Ebd.: 117)

Die Beziehungen entwickelten sich schon vor dem Ersten Weltkrieg. Aber auch danach bestand ein reger Austausch zwischen russischen, später sowjetischen Künstlerinnen und Künstlern und polnischen, deutschen, französischen … und zwar nicht nur mit den dezidiert linken. Internationalismus war die ausgesprochene und unausgesprochene Botschaft aller Kunst des frühen 20. Jahrhunderts, nicht nur des sowjetischen Futurismus.

Die Kölner Ausstellung versuchte, Blut-und-Boden-Denken mit der Hypermoderne zu verschmelzen, die Leiche des Nationalismus wurde mit Rouge aufgeschminkt, damit er »modern« erscheine. Der Widerspruch war schier mit Händen zu greifen. So hieß es in einem Wandtext, auf der Biennale in Venedig sei 1928 und 1930 »im Rahmen des sowjetischen Pavillons ukrainische Kunst gezeigt« worden, als ob die Ukraine keine Sowjetrepublik gewesen wäre. In kubo-futuristischen Stadtlandschaften sollten, damit sie ausstellungswürdig sind, »Anleihen aus der ukrainischen dekorativen Tradition« zu erkennen sein. Und selbstverständlich sollte von nun an Kasimir Malewitsch nicht mehr als Suprematist und Teil der sowjetischen Avantgarde, sondern nur noch als Ukrainer angesehen werden. Dass der Mann, der tatsächlich in Kiew geboren wurde, nichts mehr ersehnte, als in Moskau studieren zu dürfen, und den Bolschewiki unter anderem als Konservator diente – *tant pis,* in Köln war und blieb er Ukrainer.

Nach Jahrhunderten rassistisch begründeter Massenmorde war diese Regression unverzeihlich. Sie stellte einen Rückfall in Zeiten dar, in denen man noch, mit den bekannten Folgen, an Menschenrassen glaubte. Doch gerade weil all das so überaus leicht zu durchschauen war, wurde darauf geachtet, die Propaganda möglichst in geringer Dosierung zu verabreichen.

Besuchen wir eine weitere dieser Ausstellungen – die von der Kulturstiftung des Bundes großzügig subventionierte »Kyiv Perenniale« des Berliner Kunstvereins nGbK (neue Gesellschaft für bildende Kunst). Die Perenniale war auf mehrere Orte im Stadtgebiet Berlins verteilt, der Hauptausstellungsraum befand sich ironischerweise in der Karl-Liebknecht-Straße am Alexanderplatz. Dort waren keine ukrainischen Flaggen oder andere patriotischen Insignien, kein übergroßes Porträt von Wolodymyr Selenskyj, auch kein Hologramm eines Kämpfers aus dem Asow-Bataillon zu sehen. Man schien sich noch in der Postmoderne zu befinden. Dominiert wurde der Raum von einem halbstündigen Film des Kollektivs The Reckoning Project. Vor allem in Interviews mit Zeuginnen und Zeugen belegt es auf erschütternde Weise Ablauf und Folgen eines russischen Raketenangriffs auf den Bahnhof von Kramatorsk am 8. April 2022, bei dem 61 Zivilistinnen und Zivilisten umkamen.

Der im selben Raum liegende zerborstene Kronleuchter von Danylo Halkin war aber nicht etwa Überrest eines Raketenangriffs, sondern stammte aus einer der Entrussifizierungsaktionen der ukrainischen Nationalisten 2021. War das ein Versuch, dem Krieg seine wenigstens auf das Jahr 2014 zurückreichende Vorgeschichte zu geben? – Es war wohl eher ein Hinweis darauf, wie mit »Besatzern« zu verfahren wäre. Denn auf den Beschriftungstafeln hieß die ehemalige Volksrepublik durchweg »besetzte Ukraine«. So engagiert, modern und hell alles im Saal erscheinen mochte, befanden wir uns auch in ihm bereits auf finster nationalistischem Gelände.

Der Bellizismus durfte nicht fehlen. Leon Kahane (Kahane/Berins 2024), der im Raum der nGbK in Berlin-Hellersdorf ein weiteres seiner antikommunistischen Werke präsentierte, hatte für »Gedenken unserer durch die Tat« riesige Fragmente von Propagandaplakaten der DDR aufgezogen, auf einem befand sich eine Friedenstaube. Bei der Vernissage erklärte er, er habe diese Arbeit auch schon – ausgerechnet – am Rosa-Luxemburg-Platz gezeigt, und »während dieses Poster dort hing, wehten auf der Volksbühne die Friedenstauben« und keine Ukraineflaggen. Die »FAZ« vollendete den Gedanken: Die Volksbühne betreibe damit »das ritualisierte Anrufen des Friedens als Verdrängungs- und Gewaltakt«. (Landenberger 2024) Doch selbst dieser Gedanke, wenn es überhaupt einer ist, war längst ranzig geworden. Zwei Jahre zuvor hatte der Berliner Kultursenator von der Partei Die Linke vor einer »linksreaktionäre[n] ›Friedensliebe‹« gewarnt, die »letztlich in der Kapitulation vor der russischen Expansionspolitik mündet«. (Lederer/Beucker/Reinecke 2022)

Dass gerade die Friedenstaube die Polemik auslöste, ist interessant genug, weil sie als kommunistisches Symbol gilt, am bekanntesten in den verschiedenen Versionen Pablo Picassos. Bertolt Brecht ließ die Taube auf dem Vorhang seines Ensembles anbringen und dichtete »Auf den Großen Vorhang malt die streitbare / Friedenstaube meines Bruders Picasso« (Brecht 2007: 411), ungefähr zur selben Zeit verbot der Westberliner Kultursenator Joachim Tiburtius eine Ausstellung von Grafiken Picassos, weil unter ihnen auch die Taube war. In Paris hängte man Plakate, die eine Friedenstaube in Gestalt eines mit Hammer und Sichel markierten Panzers zeigen, darunter der Satz »La colombe qui fait Boum« (Die Taube, die »peng« macht). (Watson 2017: 137) Diese Taube war Teil der vom US-Auslandsgeheimdienst CIA finanzierten antikommunistischen Kampagne »Paix et Liberté« (Frieden und Freiheit; 1951–1956) und einer nun wieder aktuellen Kunstaktion des Kalten Krieges. Jede Ideologie hat ihre historischen Vorläufer.

Die von der Kunst- und Kulturwelt willig aufgenommene Staatspropaganda war nicht nur von dem unheimlichen Charakter der Militarisierung und der Brutalisierung, sondern auch des Nationalistischen geprägt. Sie versuchte, die Geschichte des Zweiten Weltkriegs umzuschreiben. Um Differenzierung und Gegenmeinung zu unterbinden, sorgte eine eigene – verglichen mit der Ukraine immer noch moderate – Entrussifizierung für die Verfemung, Ausladung und Entlassung russischer Musikerinnen und Musiker, Künstlerinnen und Künstler. Im Deutschlandfunk (15.5.2022) durfte die ukrainische Schriftstellerin Tanja Maljartschuk Russland jegliche Kultur absprechen, (Becker 2004: 188) russische Fernseh- und Nachrichtenkanäle wurden verboten, russische Literatur ausgesondert und selbst wenn Filme von Andrei Tarkowski vorgeführt wurden, musste erst daran erinnert werden, dass der Vater des Regisseurs Ukrainer war. Leonid Breschnew war übrigens auch Ukrainer.

Die entschlossene Identifizierung mit einer chauvinistisch gewordenen Nation führte zum Rückfall der deutschen Bourgeoisie in längst überwunden geglaubte chauvinistische und vormoderne Muster. Es tat einem freilich leid um den Historiker Ernst Nolte, der die Nazis zugleich für Lehrlinge und Widersacher der Bolschewiki hielt: Er war zu früh gestorben. Nun schien seine Zeit gekommen.

Ausgeblendete Massaker

Die documenta fifteen vor dem Hintergrund von Kolonialismus

»Nur da, wo es eine Wahl gibt, gibt es auch Kunst, nämlich da, wo Widerstand und Zweifel regieren.«
Roberto Bazlen
(Bazlen 1984: 187)

In offiziöser Lesart gehört die Documenta (später: documenta) wie die Frankfurter Buchmesse, die Berlinale oder auch die Oberhausener Kurzfilmtage zu den vielen Einrichtungen in Deutschland, »die einmal gegründet wurden, um nach der Herrschaft der Nazis und dem Zivilisationsbruch des Holocaust wieder Anschluss an die (westliche) Moderne zu finden«. (Rapp 2024b) Die Kulturfunktionare, die diesen Anschluss herstellten, waren allerdings vielfach zuvor für die Herrschaft der Nazis oder den »Zivilisationsbruch« des Holocaust zuständig. So gehörte Werner Haftmann, einer der beiden künstlerischen Leiter der ersten drei Documentas, seit 1933 der SA, seit 1937 der NSDAP an und war im Krieg vermutlich an der Folterung von Partisanen beteiligt. Im Vordergrund stand also nicht die angebliche »Vergangenheitsbewältigung« (Kimpel 2002: 17–20), sondern die Konkurrenz mit dem Osten. Für die Documenta selbst, vor allem aber für die Kunst, die sie anfänglich präsentierte, gilt das Wort des marxistischen Kulturtheoretikers Fredric Jameson, dass der »späte Modernismus, wenn auch auf vertrackte Weise, ein Produkt des Kalten Krieges ist«. (Jameson 2012: 165)

Mit seiner angeblichen Kunstfreiheit prahlte der Westen nicht zuletzt, um zu bedeuten, im Osten gebe es keine. Und Kassel wählte man gerade deshalb als Standort, weil es so nah an der deutsch-deutschen Grenze lag. (De Bruyn 2023: 66f.) Dass die CIA der modernen Kunst, nicht nur der eigenen, auf die Sprünge half und sie gegen den sozialistischen Osten ausrichtete, ist schon lange ein offenes Geheimnis. Ihr »Kongress für kulturelle Freiheit« (1950–1969), ihre Infiltration gerade staatsferner und gemäßigt linker Künstler- und Intellektuellenkreise hatte zum Ziel, kommunistische und kritische Tendenzen in der europäischen Kultur einzuhegen. Serielle Musik und abstrakter Expressionismus erfuhren von den USA aus über Stiftungen gesteuerte, teils aus den Gegenwertfonds der europäischen Regierungen bezahlte Förderung, nicht weil die Nachkriegsmoderne unpolitisch schien, sondern weil sie politisch gegen den Sozialistischen Realismus gewendet und als Kunst des »freien Unternehmers« gewertet werden konnte. Obwohl verdeckte und subtile Operationen bevorzugt wurden, schreckte man auch vor Denunziationskampagnen (etwa gegen Jean-Paul Sartre und Pablo Neruda) nicht zurück. (Minow 2006)

Die vom interessierten Bürgertum eingeforderte Autonomie verdrängte den Aktivismus von unten zwar auf lange Zeit, doch ist der Widerspruch zwischen Kunst und Aktivismus struktureller Art und deshalb nur zu überdecken, nicht zu beseitigen, er ähnelt der Dialektik zwischen Theorie und Praxis. »Von der Russischen Revolution an wurde das Herstellen von Kunst vom bedingungslosen Aktivismus herausgefordert.« (Watson 2017: 161)

Untergründig wirkte dieser Widerspruch über die Jahrzehnte fort, in denen eine Abneigung gegen jegliche politische Aussage, die pauschal als klischeehaft und kunstfremd abgetan wurde, sich mit einer immer wieder neuen Auffrischung des politischen Engagements innerhalb der Kunst abwechselten. Zuletzt schlug die Waage, ausweislich aller großen Ausstellungen der vergangenen zwanzig Jahre, zugunsten des politischen Engagements aus. Der Grund für diese Entwicklung ist auch darin zu suchen, dass die bürgerliche

Ideologie von einer Kunstautonomie unhaltbar geworden war und der Diskurs über Kunst wichtiger wurde als die Werke selbst. Die Bewegung hin zu einer »Postautonomie« bezeichnet eine »Verschiebung von künstlerischen Praktiken, die auf *Objekten* basieren, hin zu solchen, die auf *Kontexten* basieren« (Canclini 2014: 180). Der Gebrauch des Werks hob das Werk auf.

Doch lässt sich dieser Eindruck noch ein wenig feiner fassen. Die spätestens seit ihrer Polemik gegen den Wokismus (Heinich 2023) als konservativ und übrigens antikommunistisch einzuschätzende Kunstsoziologin Nathalie Heinich erkennt folgende Charakteristiken zeitgenössischer Kunst, die sie von der vor einem halben Jahrhundert dominanten Moderne unterscheiden sollen: Bedeutung des Diskursiven; Vermittlung durch Spezialistinnen und Spezialisten; Notwendigkeit der Anwesenheit von Künstlerin oder Künstler; Diversifikation von Materialien und Formen; Verschwinden des gerahmten Bildes sowie der Skulptur auf dem Sockel; schwache Reproduktionen; Hervorheben der Einzigartigkeit; Spiel mit den formalen Grenzen; hoher Stellenwert der Distanz; Verblassen des Kriteriums der Schönheit; enge Verbindung zwischen Markt und Institutionen; internationaler Austausch; frühe Anerkennung des Künstlers oder der Künstlerin (Heinich 2014: 14f.).

Heinichs Analyse enthält viele wertvolle Beobachtungen, aber findet ihre Grenze doch darin, dass sie immanent bei der Kunst selbst ansetzt. Betrachten wir Kunst nicht von innen, von ihren Eigenheiten, sondern von außen, von den Kämpfen in der Welt aus, die von der Kunst lediglich aufgegriffen werden, ergibt sich doch ein etwas anderes Bild. Kunst, die aus dem Proletariat des Globalen Südens kommt und dem Aktivismus nahe ist, legt sicher ebenfalls besonderes Gewicht auf Diskurs, auf Diversität der Form, auf persönliche Präsentation, auf internationalen Austausch. Aber sie wird, vielleicht sogar zu ihrem Nachteil, der Distanz einen eher geringen Wert zumessen und das Spezialistentum und die Akademisierung zugunsten des Geschichtenerzählens und anderer traditioneller Formen ablehnen. Damit wären wir bei der documenta fifteen, einem weiteren Kapitel in der »lokalen Geschichte einer Globalisierung« (Eichel 2015).

Das indonesische Künstlerinnen- und Künstlerkollektiv ruangrupa, das erste überhaupt aus dem Globalen Süden, das die künstlerische Leitung einer Documenta innehatte, bildete sich in der Era Reformasi, nach dem Sturz des Diktators Haji Mohamed Suharto 1998, an dem einige Mitglieder des Kollektivs beteiligt waren. Entscheidend für dessen Praxis ist die völlige Unabhängigkeit sowohl vom Staat als auch vom Markt. Man erhält sich mittels gegenseitiger Unterstützung. (De Bruyn 2023: 68) Modell seiner kollektivistischen Ökonomie ist die »lumbung« (Reisscheune), in der ein indonesisches Dorf seine Ernte gemeinschaftlich verwahrt, um so schweren Zeiten vorzubeugen. Leitend ist also die Idee des Gemeinguts, das von anonymen Personen zusammengetragen und genutzt wird. Drei künstlerische Grundprinzipien ergeben sich aus dieser Struktur: erstens eine gewisse Informalität, nämlich eine offene und kommunikative Präsentation nach Art eines Festivals, zweitens die rigorose Ablehnung aller autonomen Kunst mitsamt ihrer Meister und Meisterwerke, drittens aber die Unlesbarkeit des Künstlerischen, das als »Samen« begriffen wird, der erst in der Zukunft aufgehen soll. (Ebd.: 70)

Der dritte Punkt ist sicherlich der interessanteste, weil er Heinichs Charakterisierung zeitgenössischer Kunst in einem ganz wesentlichen Punkt zuwiderläuft: Diese Kunstpraxis wünscht sich zwar, persönlich nahezukommen und besprochen, ja gefeiert zu werden, sie befindet sich also – wie alle Documentas seit 1997 – in einem »diskursiven Raum« (Juneja/Ziebritzki 2023: 96), aber löst sich nicht im Diskursiven auf. Sie will sich nicht in der Gegenwart erschöpfen, sondern in die Zukunft wirken. Wie etwa der Gudskul (ebd.: 97), eine in einem ehemaligen Kaufhaus von Jakarta errichtete, im Kasseler Fridericianum nachgebaute, vielfach und frei nutzbare Infrastruktur, vor Augen führt, haben wir es nicht nur mit Prozess-, sondern auch mit utopischer Kunst zu tun, die die sozialen Räume umschreibt und herstellt, in denen sie gedeihen kann. So entstand, ebenfalls im Fridericianum, das »RomaMoMA« (ebd.: 98), das nicht nur Werke der Sinti und Roma versammelte, sondern auch daran erinnerte, dass es (mit wenigen Ausnahmen, genannt sei die Berliner Galerie Kai Dikhas) noch keinen Ort für sie gibt.

Ein schärferer Kontrast zur in Europa verwalteten und vermarkteten Kultur ist schwer vorstellbar und es lässt sich übrigens befürchten, dass solche kollektivistischen Formen im Zuge der Kapitalisierung aufgebrochen werden. Etwa haben sich in China im Lauf der letzten Jahrzehnte auf Druck des Kunstmarktes Künstlerinnen- und Künstlergruppen in Einzelpersönlichkeiten zersplittert. Die Trademark erzwingt die im Grunde fiktive Figur des isolierten Autors, des originellen Schöpfers oder der originellen Schöpferin.

Auch wenn vieles an ihr zu kritisieren bleibt – nicht zuletzt der von ruangrupa ausgegebene Begriff des »Heilens«, der glauben machte, wir »lebten in der Zeit nach der Katastrophe und nicht mitten in ihr« (Demos 2023: 125) –, bot die documenta fifteen doch einen anregenden Blick zugleich zurück und nach vorn, sie stand nicht im »Bann der Gegenwart« (Lehmann 2022). Schon das erklärt den erbitterten Widerstand, den die Ausstellung in einem konservativen und sich nun aufrüstenden Land wie der Bundesrepublik finden musste. Hinzukommt die stete Bedrohung, die Bewohner des reichen Nordens in denen des armen Südens zu erblicken meinen, die die Not immer wieder gen Norden treibt. Um dieser (imaginierten) Bedrohung Herr zu werden, wurde Antisemitismus zu einem »durch Einwanderung, insbesondere aus arabischen und muslimischen Ländern, ›importierte[n] Problem‹« (Hauenstein/Weizman 2023: 332) umgedeutet.

Nach dem Skandal, der darin bestand, dass unter den vielen Hundert, wenn nicht Tausenden Werken von über 70 Künstlerinnen und Künstlern sich vier befanden oder befinden sollten, die »auf antisemitische visuelle Codes verweisen oder Aussagen transportieren, die als antisemitisch interpretiert werden können beziehungsweise interpretiert werden müssen«, wurde ein Gremium zur fachwissenschaftlichen Begutachtung eingesetzt. Während die künstlerische Leitung der documenta aus dem Globalen Süden kam, setzte sich das amtlich bestellte Gremium aus fünf deutschen Fachleuten, einem US-amerikanischen Historiker und einer in Israel aufgewachsenen Psychologin zusammen. Zu diesen Fachleuten gehörte die Generaldirektorin der Staatlichen Kunstsammlung Dresden, Prof. Dr. Marion Ackermann, in deren Verantwortung es fiel, dass sich in der Onlinepräsentation ihrer Sammlung bis August 2022 unkommentierte antisemitische Darstellungen befunden haben sollen. (Ebd.: 335)

Den Vorsitz des Gremiums hatte bezeichnenderweise keine Kunsthistorikerin, sondern eine Politologin inne: Prof. Dr. Nicole Deitelhoff, die sich ihre Sporen als Mitarbeiterin des Bundestagsabgeordneten Walter Hoffmann (SPD) verdient hat. Das Gremium kam zum Ergebnis, dass die vier Werke tatsächlich auf die genannten »Codes« verweisen und tatsächlich die genannten »Aussagen transportieren« oder transportieren könnten. »Die documenta fifteen fungierte als Echokammer für israelbezogenen Antisemitismus, und manchmal auch für Antisemitismus pur.« (Gremium 2023: 71) Dass das schon vorher klar war, deutete das Gremium im zweiten Satz seines Berichts an: »Bereits im Vorfeld der Ausstellungen waren Befürchtungen laut geworden, dass es bei der Ausstellung zu antisemitischen Vorfällen kommen könnte.« (Ebd.: 5)

Doch wie war es möglich, schon im Vorfeld zu wissen oder wenigstens zu ahnen, dass eine noch gar nicht eröffnete Schau die staatlichen Antisemitismusexpertinnen und -experten auf den Plan rufen werde? Und wer besitzt eine solche divinatorische Fähigkeit, das zu wissen oder zu ahnen? – Nun, es war der Präsident der Bundesrepublik Deutschland höchstpersönlich, doch seine Fähigkeit erwies sich nicht als divinatorisch, sondern als exekutorisch. Er begann seine documenta-Eröffnungsrede mit dem Geständnis, dass er sie am liebsten gar nicht halten würde. Denn über diese Ausstellung sei bereits ein politischer Streit entbrannt und er begreife einerseits, dass Kunst nicht »streitfrei« zu haben sei, doch stehe für ihn andererseits fest: »Kunst hat keinen politischen Auftrag.« (Steinmeier 2022: 2)

Lange bestand der politische Auftrag der Kunst im Westen darin vorzugeben, sie hätte keinen. Im Einklang mit seinem Präsidenten erläuterte deshalb der »Spiegel«-Redakteur, die Kunst könne und dürfe ihre Betrachterinnen und Betrachter ändern, aber »nicht die ganze Welt« (Rapp 2024b). Die Kunst änderte aber die Welt, indem sie vorgab, sie nicht ändern zu wollen. Sie schuf inmitten der Herrschaft die Illusion eines herrschaftsfreien Raums, in dem der Bürger von anstrengender Ausbeutung entspannen und sich das Schöne, Wahre, Gute zu Gemüte führen konnte. Darin bestand die heimliche und unheimliche Affirmation der Kunst.

Das war im Fall der documenta fifteen erkennbar und schon im Vorfeld erkennbar anders, und zwar genau deshalb, weil es sich nicht um eine Ausstellung aus dem Westen, sondern im Wesentlichen aus dem Süden handelte. Diesem Süden teilte der Präsident ex cathedra mit:

> »Die Anerkennung der israelischen Staatlichkeit ist die Anerkennung der Würde und Sicherheit der modernen jüdischen Gemeinschaft. Die Anerkennung ihrer Existenzgewissheit. Als deutscher Bundespräsident halte ich für mein Land fest: Die Anerkennung Israels ist bei uns Grundlage und Voraussetzung der Debatte!« (Steinmeier 2022: 2)

Damit hatte der Präsident erstens den Staat Israel mit der »modernen jüdischen Gemeinschaft« gleichgesetzt, so als ob es nur diese eine gäbe, und so die Jüdinnen und Juden anderswo in der Welt der Politik einer Regierung unterstellt, die wenigstens einige von ihnen aus guten Gründen vehement ablehnen. Diese Aussage des Präsidenten verdiente es, antisemitisch genannt zu werden. Zweitens diktierte er Menschen aus anderen Weltgegenden, die ihr ganz eigenes Verhältnis zu Israel haben (müssen), die »Voraussetzung der Debatte«. Diese Aussage verdiente es, kolonialistisch genannt zu werden.

Der Präsident erwähnte in seiner Rede nur zwei Künstler: den von ihm zurechtgewiesenen Joseph Beuys und den uns als Verächter der Friedenstauben bekannten Leon Kahane, dem er zustimmte. Kahane hatte vorsorglich festgestellt, Antisemitismus, aber auch

Rassismus seien die aller Diskussion gesetzten Grenzen (Steinmeier 2022: 4). Nach dem präsidialen Machtwort war es an den Bütteln aus Medien und Wissenschaft, den Nachweis zu führen, der Süden überschreite diese Grenzen, verfehle die Standards des Nordens und müsse deshalb ausgeschlossen, wenn nicht – »im großen Stil« – abgeschoben werden. Die eigens dafür geschaffenen Instrumente hießen »israelbezogener Antisemitismus« (Haury 2024) und »postkolonialer Antisemitismus« (Weyand 2024).

Weiter im Bericht des Deitelhoff-Gremiums: In einem durchsichtigen Versuch, die gerade in Hessen virulente rechte Gewalt, etwa des »Nationalsozialistischen Untergrunds«, (Hauenstein/Weizman 2023: 340) auszublenden, wird darin behauptet, der »israelbezogene« sei die »derzeit dominierende Erscheinungsform des Antisemitismus«, er zeige »antiimperialistische, ideologische Versatzstücke« und sei eine »Form der indirekten Kommunikation, in der der Staat Israel als Stellvertreterkollektiv für Jüdinnen und Juden angegriffen« werde (Gremium 2023: 16f.). Aber hatte nicht der Präsident selbst in seiner Rede Israel zum »Kollektivjuden« gemacht?

Im Zentrum des Deitelhoff'schen Zensur- oder Schmäh-Interesses stand ein burleskes Strafgericht, vielmehr das, was von ihm übrig geblieben war: Denn das inkriminierte, hundert Quadratmeter große Agit-Prop-Banner »People's Justice« (2001/2002) des linken indonesischen Kollektivs Taring Padi sollte im Rahmen einer riesigen Performance, mit tausend Pappfiguren und Masken, in Gebrauch genommen werden. Dazu ist es zwar nicht mehr gekommen, aber die eigentlich kommunistische Absicht des In-Gebrauch-Nehmens (Ripplinger 2019: 16) ist bei der Beurteilung des Werks mitzubedenken, weil Gebrauch immer auch Neudeutung bedeutet.

»People's Justice« will Gericht halten über die Despotie von Suharto und ihre Unterstützer aus Australien, Großbritannien, Israel, der Sowjetunion, den USA, aus Westdeutschland sowie aus international tätigen Konzernen vor allem der rohstoffverarbeitenden Industrie. Das überaus komplexe, von kulturellen, historischen und politischen Anspielungen schier überquellende Bild ist ein Triptychon, das dem Vorbild von Dantes »Commedia« folgt: links die Hölle der Despotie, in der Mitte ein graues Purgatorium in Gestalt eines aus der indischen Kosmologie entlehnten Weltenbaums, in dessen Wipfel das Volksgericht tagt, rechts der grüne Himmel des Widerstands.

Der Stil ist, wie Alexander Supartono, einer der Künstlerinnen und Künstler des Kollektivs, feststellt, eine »westliche Mischung aus Hieronymus Bosch, Comicstrip, Karikatur, Elementen von Satire« (zit. nach Urmann/Weißbach 2023: 17). Ein starker Einfluss der Muralisten, etwa von Diego Rivera, ist ebenfalls unverkennbar.

Das Gericht im Baumeswipfel besteht aus einer Studentin, einem Studenten (möglicherweise ein Selbstporträt des beteiligten Künstlers Yustoni Volunteero; 1970–2017), einer Angestellten, einem muslimischen Gelehrten sowie drei Arbeitern mit Reishut, Helm und Mütze, also Fischer, Bergarbeiter, Bauer, wie Henry Urmann und Hans-Jürgen Weißbach in ihrer sorgfältigen Deutung nahelegen (ebd.: 32). Unter dem Gericht befinden sich mehrere Tiere hinter Gittern: Krokodile, Affen, eine Maus, ein Elefant, ein Schwein, ein Hund. Für westliche Betrachter nicht ohne Weiteres zu entschlüsselnde Tiersymbolik findet sich auf dem ganzen Bild.

Die linke Tafel des Triptychons wird beherrscht von einem Despoten auf seinem Thron, also Suharto. In burlesker Weise vermischen sich Monstren – ein dem Gruselclown Pennywise aus dem Film »Stephen King's It« (1990) nachempfundene Gestalt, die Comicfigur Hulk – mit vorrückenden Soldaten, einem Folterer, der auf ein Grab masturbiert, dahinter drohen Fabrikanlagen von Exxon, British Petrolium (BP), Arco (eine Marke von BP), British Tobacco, also Konzernen, die zum Nachteil der Bevölkerung mit Suharto Geschäfte machten. Zu erkennen ist ein Nazi mit Hitlerbärtchen in einem Auto; deutlicher Verweis auf die westdeutsche Unterstützung Suhartos und auf die Altnazis unter seinen Beratern, so den früheren SS-Obersturmbannführer Rudolf Oebsger-Röder. Breiten Raum nehmen Gräber für die Toten von Osttimor und Papua ein, aber auch für die aus den Kriegen im Irak, im Kongo, in El Salvador, in Palästina, für die ausgerotteten Aborigines und American Indians und für den bei einem Protest gegen den Weltwirtschaftsgipfel in Genua 2001 von einem Polizisten ermordeten Carlo Giuliani.

Auf der Höllenseite ist außerdem eine Gruppe zu sehen, die Urmann und Weißbach als Henry Kissinger, Benazir Bhutto, Muammar al-Gaddafi, König Elisabeth II. von England als Shopping-Queen und Colin Powell identifizieren. Stark überzeichnete Geheimdienstagenten, angeführt von »007«-James Bond, lassen sich dank Markierungen als Vertreter Großbritanniens (MI-5), der Sowjetunion (KGB), Israels (Mossad) erkennen – als »ausführende Unterdrückungsorgane« ausländischer Staaten (Schneider 2022; zu den Operationen der CIA in Indonesien schon seit 1958 siehe Bevins 2023). Auf einem Jeep steht »TNI« (Tantra Nasional Indonesia), das ist die Armee, auf einem Motorrad »URC« (Unit Reaksi Cepat), das ist eine Spezialeinheit zur Aufstandsbekämpfung.

Die rechte Seite des Bildes zeigt Aufständische mit Transparenten wie »Resistance Culture Movement« und »WTO Sucks«, idyllische Protestcamps, Hammer und Sichel, den palästinensischen Gelehrten Edward Said, aber auch einen rechten Skinhead.

Zwei Gestalten auf dem Banner wurden von den amtlichen Experten für antisemitisch erklärt, beide entstammen der Höllenseite. Es handelt sich zum einen um die Figur, die Urmann und Weißbach für Henry Kissinger halten, nicht nur, weil eine äußerliche Ähnlichkeit besteht (die Gestalt trägt die für Kissinger typische Hornbrille), sondern auch, weil Kissinger auf vielerlei Weise mit Indonesien verbunden war. So begann die Schlächterei in Osttimor, die 200.000 Tote forderte, am 7.12.1975 nur wenige Stunden, nachdem Kissinger und Präsident Gerald Ford das Land besucht hatten. Kissinger war als Berater des Präsidenten Abdurhaman Wahid und Aufsichtsratsmitglied des Bergbaukonzerns Freeport dem indonesischen Regime noch in den frühen 2000ern verbunden.

Das Gremium unter Prof. Deitelhoff dagegen hielt sich, was diese Figur betrifft, mit möglichen indonesischen oder US-amerikanischen Kontexten nicht auf:

> »Beginnen wir mit der Figur, die am offenkundigsten antisemitisch ist […]. Zu sehen ist ein Mann mit blutunterlaufenen Augen und drei markanten Fangzähnen, der auf einer Zigarre kaut. Er trägt einen Anzug, Krawatte, eine auffallende Brille und einen Hut mit SS-Runen. Was diese Figur ausdrücklich als ›jüdisch‹ ausweist, sind die Pejes, die von orthodoxen Männern und Jungen getragenen Schläfenlocken. Von manchen wurde die Ansicht geäußert, diese Figur könnte im ›Stürmer‹, der berüchtigtsten antisemitischen Wochenzeitung der Nationalsozialisten, erschienen sein. Das trifft offensichtlich nicht zu, und zwar aus dem einfachen Grund, dass keine NS-Publikation den Hut einer jüdischen Figur mit SS-Runen versehen hätte.« (Gremium 2023: 32)

Um diesen auffälligen Widerspruch zu erklären, musste, nicht von ungefähr, die Sowjetunion herangezogen werden, die eine Gleichsetzung von Juden, Kapitalisten und Nazis betrieben habe; es handele sich also um eine »›linke‹ Tradition« (ebd.: 32–36). Doch egal, wie sie ausgelegt wird, bleibt diese einzelne Figur hochproblematisch. Die Künstlerinnen und Künstler des Kollektivs haben selbst eingestanden, dass sie, auch wenn sie nicht so beabsichtigt war, als antisemitisch verstanden werden könnte, und dass diese Möglichkeit hätte berücksichtigt werden sollen. »Wir hätten es wissen müssen und das war unser Fehler« (zit. nach Urmann/Weißbach 2023: 138).

Außerdem ging es im amtlichen Strafgericht über das Strafgericht um eine Gestalt, die in der Reihe der ausländischen Agenten steht. Sie hat eine Schweineschnauze und trägt ein Halstuch mit Davidstern und einen Helm mit der Aufschrift »Mossad«. Die Fachleute ließen sich die Ikonografie nicht entgehen. Auch wenn viele andere, nicht-jüdische Figuren auf dem Bild als Schweine dargestellt sind und Schweine in der südostasiatischen Kultur eine andere Bedeutung haben als im Westen, hätte das Kollektiv die Verbindung von Schwein und Davidstern ausschließen müssen. (Gremium 2023: 39). Das trifft zu – wenn auch aus dem traurigen Grund, dass die Andern stets mehr über uns wissen müssen als wir über sie.

Aber das Gremium versuchte auch, die Darstellung historisch zu widerlegen, und ließ sich so ausnahmsweise auf das politische Argument des Kollektivs ein. Dass es die Zusammenarbeit Israels oder des Mossad mit der Despotie Suhartos aufgreife, der bekanntlich allein 1965/66 eine halbe Million seiner Gegner abschlachten ließ, falle in das »altbekannte antisemitische Muster«, den »jüdischen Anteil« an den Übeln dieser Welt zu übertreiben. In Wahrheit habe der Mossad lediglich nach 1967 Rohstoff-Geschäfte zwischen Indonesien und Israel vermittelt. Und, ja, 1979 habe Israel Indonesien 28 Jagdbomber und 11 Hubschrauber verkauft, aber die seien »veraltet« und »überschüssig« gewesen (ebd.: 40–42).

Freilich ist der Mossad, der hier von höchster Stelle verteidigt wird, keine jüdische, sondern eine israelische Einrichtung. Und Übertreibung ist das Prinzip dieses Bildes wie übrigens das aller Karikaturen der Kunstgeschichte. In diesem Fall richtete sich die angeblich unstatthafte Übertreibung gegen viele imperialistische Mächte. Wer die Israelis und damit die Juden besonders hervorgehoben glaubt, muss – fast ein antisemitischer Akt – den Mossad-Agenten herausgreifen und alle andern ignorieren. Aber ist das Bild nicht auch antiamerikanisch, antiaustralisch, antibritisch, antideutsch, antisowjetisch?

Taring Padis Agit-Prop-Gemälde ist eine polemische, comicartige, zugleich vielschichtige Groteske. Wer wie das Deitelhoff-Gremium solche Darstellungen nur erlauben wollte, wenn sie sachlich den historischen Ereignissen folgen und hier beispielsweise die bedeutsame Information anfügten, die von Israel gelieferten 28 Jagdbomber und 11 Hubschrauber seien nahezu schrottreif gewesen, schlösse damit sämtliche Satiren und Polemiken aus der Betrachtung aus. Dann könnte die Bundeswehr als Nachfahrin der Legion Condor Verwahrung gegen Pablo Picassos »Guernica« – stark übertrieben! – einlegen. Übrigens wurde auch dem Zyklus »Guernica Gaza« des palästinensischen Künstlers Mohammed Al Hawajri allein seines Titels wegen Antisemitismus unterstellt. (Ebd.: 53–55)

> »Man fragt sich: Wäre der gleiche Vorwurf etwa gegenüber einem ukrainischen Künstler erhoben worden, hätte er sein Werk ›Guernica Odessa‹ genannt – und sich damit auf ähnliche Weise der Botschaft in Picassos ›Guernica‹ bedient?« (Hauenstein/Weizman 2023: 337)

Doch solche Fragen wurden nicht gestellt, das Urteil war schon vorher von höchster Stelle gesprochen worden, das Banner von Taring Padi wurde abgehängt, selbst wohlmeinende Betrachter meinten nun, es hätte niemals gezeigt werden dürfen (De Bruyn 2023: 67), doch unversehens standen nicht mehr dieses oder eine Handvoll anderer Kunstwerke oder die Fortdauer dieser Documenta, sondern überhaupt aller Documentas und der modernen Kunst an sich zur Debatte.

Prof. Deitelhoff erklärte in einem Interview der »FAZ« (18.2.2023): »Was wir bei der Documenta 15 gesehen haben, war ja nicht eine vereinzelte Normüberschreitung, sondern eine in Teilen schon systematische Ignoranz von Normen« (zit. nach Schüttpelz 2023). Wenn in Zukunft Regierungsberaterinnen vom Schlage Deitelhoffs Kunstwerke mit juristischen Normen abgleichen dürfen, ist, zur Freude der Spießer, das Ende der Kunst gekommen, wenn auch etwas anders als von Hegel vorausgesagt.

Die »Taz« bewies in ihrem Kommentar zum Fall, dass sie zwar das inkriminierte Werk keiner näheren Betrachtung für wert hielt, sich aber zutraute, ein rasches Urteil zu fällen. Trotz der Eile vergaß sie den Kratzfuß vor dem Präsidenten nicht:

> »Beim Auftakt der documenta 15 konnte man letzte Woche noch die feste Entschlossenheit spüren, die Kasseler Veranstaltung gegen alle Kritik stoisch durchzuziehen. Doch nun: Entsetzen. Offen zur Schau gestellter Antisemitismus – Uniformierte mit Davidstern und Schweinsköpfen, auf dem Helm die Aufschrift ›Mossad‹ – ein Werk von Taring Padi wurde erst abgedeckt und nun abgebaut. […] Bundespräsident Steinmeier hat derlei in seiner documenta-Rede bereits kritisch angesprochen.« (Fanizadeh 2022)

Es kam nun zu den erwarteten und wohl auch erwünschten Folgen. Am 28. Mai 2022 wurden die Räume, in denen das palästinensische Kollektiv The Question of Funding seine Ausstellung vorbereitete, verwüstet. An die Wände geschmiert wurde die Ziffer »187«, im kalifornischen Strafgesetzbuch der Paragraph für Mord. Am 24. Juni versprach die Geschäftsführerin der documenta, Sabine Schormann, eine systematische Prüfung der Ausstellung auf Antisemitismus. Am 6. Juli stellte die Fraktion der AfD im Bundestag den Antrag, alle Förderung »postkolonialer« Kunstprojekte sofort einzustellen:

> »Die Vorgänge auf der Kasseler Kunstausstellung documenta, die einige Künstler als Forum für antisemitische Propaganda benutzt haben, sind eine untragbare Zumutung für alle Juden in Deutschland und in der Welt und stellen einen beispiellosen politischen Skandal in der Geschichte der documenta dar. [...] Dass einige der teilnehmenden Künstler die documenta für antijüdische Agitation missbrauchen könnten, war absehbar. [...] Die documenta-Leitung verließ sich, obwohl sie es besser hätte wissen können, auf die Zusicherung von Ruangrupa, dem künstlerischen Team und der Künstler, dass es auf der documenta ›keinen Raum für Antisemitismus geben‹ werde. Man muss sich aber fragen, welchen Begriff von Antisemitismus sowohl Ruangrupa als auch die Künstler haben, wenn Karikaturen nach Art des NS-Blattes ›Der Stürmer‹ für sie offenbar nicht darunter fallen. [...] Die Auseinandersetzung um die documenta verweist auf eine grundsätzliche Fehlentwicklung in der Kulturpolitik: Kultur wird zunehmend zum Instrument für politischen Aktivismus, dem die Bundesregierung wie auch etliche Landesregierungen mit öffentlichen Fördermitteln den Boden bereiten. Ästhetische Kategorien treten zugunsten einer erwünschten politischen ›Haltung‹ immer mehr in den Hintergrund. Medienberichte stellen fest, dass die documenta diesmal mehr einem ›Aktivistencamp‹, als ›einer traditionellen Kunstausstellung‹ [Tagesschau] gleiche. Die Wurzel der antisemitischen Entgleisungen auf der documen-

ta liegt in der postkolonialistischen Ideologie, der das Kuratorenkollektiv Ruangrupa und die übrigen Verantwortlichen des Skandals anhängen. […] Stets wird das Narrativ der Kolonialzeit als reiner Verbrechensgeschichte zugrunde gelegt. Begründet wird dieser Kampf unter anderem als Fanal gegen vergangenen wie angeblich auch heute noch allgegenwärtigen Rassismus. In analoger Weise wird auch dem Staat Israel Rassismus gegenüber den Palästinensern unterstellt […]. Der Deutsche Bundestag fordert die Bundesregierung auf […], ab sofort keine Bundesmittel für Forschungsvorhaben oder Projekte im kulturellen oder im Bildungsbereich mehr bereitzustellen, die in affirmativer Art und Weise postkolonialistische Ideologiegehalte zu vermitteln suchen[,] und so einer weiteren kapillaren Verbreitung antisemitischen Gedankenguts im deutschen Kulturleben vorzubeugen.« (Weidel/Chrupulla/Fraktion [der AfD] 2022)

Ebenfalls am 6. Juli forderten Daniel Botman vom Zentralrat der Juden und die CDU die bislang rechtlich nicht bindende Erklärung des Bundestags gegen die international tätige BDS (Boykott, Desinvestitionen und Sanktionen) aktiv umzusetzen. Darin wurde ein Versuch gesehen, der Erklärung »nun doch Gesetzesstatus« zu verleihen und so die »Förderungs- und Einladungspraxis in einem auf Internationalität ausgerichteten Kulturbetrieb« zu erschweren (Hauenstein/Weizman 2023: 329f.), wenn nicht zu verunmöglichen. Am 8. Juli beendeten der Experte Meron Mendel und die Künstlerin Hito Steyerl ihre Zusammenarbeit mit der documenta. Wenig bekannt wurde, dass Letztere zur gleichen Zeit ihre Werke aus der Sammlung von Julia Stoschek abzog, nachdem diese ihren Urgroßvater, der Rüstungsgüter für die Wehrmacht produzierte und Zwangsarbeiter beschäftigte, öffentlich verteidigt hatte (ebd.: 333). Am 15. Juli wurde der Vertrag mit Schormann gelöst. Am 28. Juli forderte das American Jewish Committee den Abbruch der documenta. (Gremium 2023: 76–80)

Ein Jahr später, am 16. November 2023, trat die Findungskommission der documenta16 geschlossen zurück, weil sie zum Eindruck gelangt war, die deutsche historische »Verantwortung« werde dazu missbraucht, »unerwünschte Ansätze zu unterdrücken«. (Njami u.a. 2023) Zuvor hatten sich bereits zwei Mitglieder der Findungskommission verabschiedet – die Israelin Bracha Lichtenberg Ettinger, weil sie vergeblich darum gebeten hatte, angesichts des Gazakriegs den Findungsprozess zu verlangsamen, und der Inder Ranjit Hoskoté, weil er öffentlich angefeindet worden war, nachdem bekannt wurde, dass er eine Petition von BDS unterzeichnet hatte. Die Petition richtete sich gegen ein Einladungsschreiben des israelischen Generalkonsulats in Indien, das Theodor Herzl, den Begründer des politischen Zionismus, neben dem faschistoiden Hindu-Nationalisten Vinayak Damodar Savarkar zeigt. Die Kulturstaatsministerin schätzte diese Petition als »ganz klar antisemitisch« ein (Simmerl 2024: 57).

Der Kunstwissenschaftler Harald Kimpel, bislang treuer ideologischer Begleiter der Ausstellung (Kimpel 2002), sah die Stunde gekommen, mit dem ganzen hergelaufenen Gesindel aufzuräumen:

> »Wie wäre es, wenn wir nicht krampfhaft versuchten, irgendwie aus dem akuten Dilemma herauszukommen, sondern wenn wir einen Punkt setzten? Die Situation ist so vermurkst, dass wir sagen könnten: Lassen wir es nach sieben Jahrzehnten und 15 Veranstaltungen jetzt gut sein. Das Unternehmen hat mittlerweile nichts mehr mit einer evolutionär entwickelten Documenta-Idee zu tun. Aus meiner Sicht ist es zu einer leeren Hülse verkommen, die mit beliebigen Inhalten befüllbar ist. […] Eines der Hauptprobleme ist das, was ich seit einiger Zeit die ›Entkunstung‹ nenne: das Ersetzen der Kunst durch Politik.« (Kimpel/Berins 2024)

Mit Kimpels Erklärung war die sich jahrelang hinziehende Debatte einen großen Schritt vorangekommen. Was sich in der Rede des Bundespräsidenten und im Antrag der AfD bereits abgezeichnet hatte, wurde vollends deutlich: Dass es nicht oder höchstens am Rande um Antisemitismus oder deutsche Verantwortung, sondern schlicht um eine unziemliche Politisierung gegangen war.

Der unschöne Begriff von einer »Entkunstung«, den sich Kimpel ans Revers heftete, stammt übrigens von dem Philosophen Theodor W. Adorno, der mit ihm eine »Leidenschaft zum Antasten, dazu, kein Werk sein zu lassen, was es ist, ein jegliches herzurichten, seine Distanz vom Betrachter zu verkleinern« (Adorno 2003: 32) meinte. Adorno hätten also die von Heinich beschriebenen postautonomen Tendenzen missfallen, doch beharrte er nachdrücklich darauf, das Kunstwerk sei stets auch »fait social« (ebd.: 335). Das Machtwort des Bundespräsidenten, Kunst habe keinen politischen Auftrag, lässt sich mit Adornos Schule nicht vereinbaren. Dass Kunst keinen politischen Auftrag habe, bedeutete hier ohnehin nur, sie habe keinen andern zu erfüllen als den der Herrschaft.

Sprich nicht von Gaza

Der Vorwurf des Antisemitismus als Maskierung politischer Interessen

»was tun die Kriege auch dem, der sie nicht durchlebt«
Claude Favre
(Favre 2023: 36)

Hatte sich schon im Streit um die documenta fifteen gezeigt, dass der Vorwurf des Antisemitismus eine politische und historische Auseinandersetzung verhindern sollte, wurde das im Streit um den Gazakrieg unübersehbar. Die deutschen Medien folgten fast geschlossen und oft apodiktisch der Maßgabe der Israel aus geopolitischen Gründen verbundenen Regierungen Deutschlands und der USA, jede Kritik an dem Land sei potenziell antisemitisch. Wiederum sollten die Antisemiten Linke und Muslime sein, während des irritierenden Umstands, dass die nachweislich für antisemitische Übergriffe hauptsächlich verantwortliche Rechte (Rosenbrück 2024: 29) sich, von Giorgia Meloni über Marine Le Pen bis Viktor Orbán, hinter Israels Regierung gestellt hatte, nicht weiter gedacht wurde. Auch hieran wurde deutlich, dass kulturalistische Argumente politische Absichten kaschieren sollten. Zu diesen Absichten gehörte die Abwehr oder Eindämmung von Migration. Das Anerkennen des Staates Israel sollte nicht nur die Bedingung dafür sein, die deutsche Staatsbürgerschaft zu erlangen, sie sollte, bei Verweigerung dieser Anerkennung, auch zehn Jahre rückwirkend entzogen werden können. (Solty 2024)

Kulturalismus gab es freilich auf beiden Seiten. Auch die pauschale Gleichsetzung von Juden mit dem rechtsradikalen Kabinett von Benjamin Netanjahu war kulturalistisch, ja antisemitisch, und nicht nur, wenn sie sich in Angriffen gegen jüdische Einrichtungen niederschlug. Auch dass es im Kampf der Araber gegen die israelischen Siedlungen im Lauf der Jahrzehnte und gerade auch in letzter Zeit (Hauenstein 2024) immer wieder zu judenfeindlichen Vorstößen gekommen war, kann nicht geleugnet werden. Es bleibt aber bestehen, dass den Konflikt zwischen Israelis und Palästinensern nicht begreift, wer ihn mit dem Holocaust überblendet. Allein die extrem unterschiedlichen Machtverhältnisse deuten darauf, dass etwas anderes vor sich geht:

> »Hier handelt es sich nicht um eine von einer Mehrheitsgesellschaft verfolgte jüdische Minderheit, sondern um den Kampf zweier Nationalbewegungen um Land und Vorherrschaft, dessen konkreteste und ausdauerndste Manifestation ein israelisches System von Besatzung, Siedlungsausbau und stets voranschreitender Vertreibung und Verdrängung der palästinensischen Bevölkerung ist.« (Ofrath 2024: 8; vgl. Zuckermann 2010: 117f.)

Ist also die Betonung der Bundesregierung seit der Rede der deutschen Kanzlerin in der Knesset am 18. März 2008, die Solidarität mit Israel (nicht etwa mit der jüdischen Bevölkerung) sei »Staatsräson«, historisch-moralisch zu rechtfertigen? Das wäre nur dann möglich, könnten die Verfolgung, Vertreibung und Ermordung Unschuldiger historisch-moralisch gerechtfertigt werden. Die Staatsräson ist immer die Räson der Herrschenden.

Dass für die israelische Kriegführung die Zerschlagung der Hamas nur *ein* Ziel ist und kaum das wichtigste, zeichnete sich bereits im Spätherbst 2023 ab. Anders wäre die Zerstörung der kompletten Infrastruktur des Gazastreifens, einschließlich der Krankenhäuser und Universitäten, eines Großteils der Wohnhäuser, die teils gezielte Tötung von Frauen, Kindern und um Essen Anstehenden, der Einsatz von unpräzisen Geschossen, einschließlich Phosphorbomben, nicht zu erklären.

Doch so wenig die USA einen Plan in der Schublade hatten, wie es im Irak nach ihrer Invasion weitergehen sollte, so wenig gab es einen für Gaza nach dem Krieg. Allein ihre Fähigkeit, Chaos zu stiften, definiert die Ordnungsmacht. Auch waren sich die Krieger über ihr weiteres Vorgehen uneins. Verteidigungsminister Joaw Galant schlug vor, palästinensische Einheiten, begleitet von internationalen Akteuren, sollten die Kontrolle von Gaza übernehmen. (Imbert 2024b) Finanzminister Bezalel Smotrich und andere israelische Rechte bevorzugten eine Entvölkerung des Landstrichs und seine Neubesiedelung.

Ebenso unklar wie die Haltung der israelischen war die der US-amerikanischen Regierung und ihrer Verbündeten. Einerseits mahnten sie Israel immer wieder zur Mäßigung, andererseits lieferten sie in enormem Umfang Waffen und leisteten auch ideologischen Feuerschutz. Diese Doppelstrategie war aber nichts Neues und galt schon 1978 während der Friedensgespräche von Camp David.

> »Präsident Carter, der vollmundig bekräftigte, die Palästinenser hätten ein Recht, über ihre Zukunft mitzubestimmen (das war immerhin ein nicht unbeträchtliches Zugeständnis nach allem, was gesagt und getan worden war), stellte auch fest, die PLO [Palästinensische Befreiungsorganisation] sei ›für uns‹ eine Organisation wie die amerikanische Nazipartei, der Ku Klux Klan, die Kommunistische Partei und ›wir wünschen, dass sie verschwindet‹.« (Said 1992: 194)

Der Wunsch wurde mehr oder weniger erfüllt und die PLO kaltgestellt, die Islamisten und Post-Islamisten hatten das Wort. Erst Ariel Sharon (Zuckermann 2010: 167f.), dann Netanjahu (Vescovi 2023: 15; Rosenbrück 2024: 23) hatten die islamistische Hamas gefördert, um so deren Gegenspieler zu schwächen und die Zweistaatenlösung zu verhindern.

Wenn dies die – hier nur grob skizzierten – politischen Verhältnisse hinter den kulturalistisch-moralischen Verlautbarungen waren, fragte sich, wie dem Kulturalismus ausgerechnet in der

Kultur begegnet werden sollte. Zur Erklärung dessen sind vier Ergänzungen notwendig, erstens, dass alle politische Transformation ihre eigene Kultur hervorbringt, Kultur also das Medium sämtlicher politischer Prozesse ist, zweitens, dass innerhalb der Kultur alles, was Kunst genannt zu werden verdient, das, was vor sich geht, gestaltet und ausdeutet, drittens dass in einer Situation, in der eine offen politische Aussprache nicht mehr möglich ist, diese in den kulturellen Bereich migriert, viertens, dass in einer globalisierten Welt die Kritik, die im Land nicht mehr geäußert werden darf, oft genug von außen kommt.

Das erwies sich nach dem 7. Oktober 2023, also dem Massaker der Hamas. Wieder und wieder kam der Einspruch gegen die vom Westen gestützte Kriegspolitik Israels nicht aus den herkömmlichen Parteien, geschweige denn von Gewerkschaften, sondern von Künstlerinnen und Künstlern. Wieder und wieder wurde er mit allen Mitteln, die Exekutive und Judikative zur Hand haben, unterdrückt. Dabei gaben die Medien Rückendeckung. Eine kleine Auswahl aus den 139 Fällen, die das »Archive of Silence« (ohne Anspruch auf Vollständigkeit) bis Ende April 2024 registriert hat:

- 8.10.2023. Nachdem der Journalist und Moderator Malcolm Ohanwe auf dem Mikroblogging-Dienst X geäußert hat, er sehe in der Gewalt der Hamas eine Reaktion auf israelische Gewalt, beendet der Bayerische Rundfunk die Zusammenarbeit mit ihm, der Eichborn Verlag zieht ein mit Ohanwe geplantes Buch zurück.
- 12.10. Das Berliner Haus für Poesie sagt die Vorstellung eines von dem bekannten syrisch-palästinensischen Dichter Ghayath Almadouhn herausgegebenen Bandes mit Werken von 34 arabischen Dichterinnen und Dichtern ab. Almadouhn spricht von »Zensur«. (Hauenstein 2023)
- 12.10. Der Heidelberger Kunstverein cancelt eine geplante Ausstellung mit der in den USA geborenen, palästinensischen Künstlerin Jumana Manna. Es ist ein Werk, das den »Krieg nach Hause bringt« (Stakemeier 2024).

- 12.10. Nach Anfeindungen in staatsnahen Medien wird eine Preisverleihung an die israelisch-palästinensische Schriftstellerin Adania Shibli auf einen unbekannten Termin verschoben. Die »Taz« formuliert heuchlerisch: »Kann man einen Roman auszeichnen, der Israel als Mordmaschine darstellt? Dieser Diskussion muss sich die Frankfurter Buchmesse stellen« (Otte 2023). Eine Diskussion soll gerade *nicht* stattfinden.
- 15.10. Nachdem er die israelische Besatzung und das Weiße Haus kritisiert hat, sagt die Münchner Kunstakademie eine Veranstaltung mit dem Musiker Nicolás Jaar ab.
- 16.10. Nach Angriffen des Blogs »Ruhrbarone« werden eine Ausstellung der palästinensischen Künstlerin Halima Aziz auf dem Palästinensischen Filmfestival in Köln abgesagt und das Festival auf einen unbekannten Termin verschoben.
- 24.10. Die Bundeszentrale für politische Bildung zieht das von der südafrikanisch-jüdischen Künstlerin Candice Breitz und dem Wissenschaftler Michael Rothberg geplante Symposium »We Still Need to Talk« über deutsche Erinnerungskultur zurück, weil nun, so die Bundeszentrale, eine »Zeit der Trauer und unserer Solidarität mit Israel und den Opfern« sei.
- 30.10. Das »Street Dreams«-Festival in Essen entfernt ein Wandgemälde der Kolumbianerin Bastardilla, weil es sich unter anderem auf die Nakba, die Vertreibung der Palästinenser (1947–1949), bezieht.
- 1.11. Das Zentrum Makroscope in Mülheim setzt ein Programm der Filmkünstlerin Tinne Zenner ab, weil sie sich mit den Palästinenserinnen und Palästinensern solidarisch erklärt hat.
- 7.11. Der frühere Vorsitzende von Labour, Jeremy Corbyn, wird auf Druck der Berliner Volksbühne von dem von der Rosa-Luxemburg-Stiftung organisierten Kongress »Europa den Räten« ausgeladen. Corbyn war mit einer Diffamierungskampagne gestürzt worden, der eine vom neuen, rechten Parteiführer Keir Starmer organisierte Säuberung folgte, die sich insbesondere gegen die Gruppe Jewish Voice for Labour richtete (Ali 2020).

- 10.11. Die israelische Jüdin Iris Hefets wird wegen Israelkritik von Deutschlandfunk Kultur von der Teilnahme an einer Diskussion über den Krieg in Gaza ausgeladen.
- 13.11. Das Folkwang-Museum Essen beendet die Zusammenarbeit mit Anaïs Duplan an einer Ausstellung über Afrofuturismus, weil er/sie (Duplan versteht sich als Trans-Person) BDS unterstützt. Das Museum sieht derweil kein Problem darin, eine »nach einem Hauptangeklagten der Nürnberger Prozesse, Gustav Krupp, benannte Sammlung in blumigen Worten auf der eigenen Website zu bewerben«. (Hauenstein 2024)
- 15.11. Das Acht-Brücken-Festival in Köln sagt drei geplante Konzerte mit dem libanesischen Musiker Sharif Sehnaoui ab, weil er BDS unterstützt.
- 15.11. Die im orthodoxen Judentum Brooklyns aufgewachsene Schriftstellerin Deborah Feldman wird von der Frankfurter Buchmesse, von einer Lesung auf Schloss Elmau und von verschiedenen deutschen Medien ausgeladen.
- 16.11. Der US-amerikanische Journalist und Schriftsteller Vincent Bevins darf nicht den Eröffnungsvortrag bei einer indisziplinären Tagung an der Universität Regensburg halten, weil er sich zugunsten der Palästinenser und Palästinenserinnen ausgesprochen hat.
- 19.11. Das TransCentury-Festival in Leipzig cancelt einen Auftritt der Gruppe Lankum, da sie Palästina unterstützt.
- 21.11. Die Biennale für aktuelle Fotografie in Mannheim, Ludwigshafen und Heidelberg wird abgeblasen, weil einem Kurator, Shahidul Alam aus Bangladesch, antisemitische Äußerungen vorgeworfen werden. Alam erklärt dem Fernsehsender Al Jazeera, er sei zwar Antizionist, aber kein Antisemit. Wer das miteinander verwechsele, diene der Ideologie der White Supremacy. (Soussi 2023)
- 24.11. Das Saarland-Museum sagt eine Ausstellung mit Candice Breitz über Sexarbeit in Südafrika ab. Die Gründe für die Absage bleiben lange unklar (dazu unten mehr).

- 28.11. Die Verleihung des Peter-Weiss-Preises für die britische Schriftstellerin Sharon Dodua Otoo wird von der Stadt Bochum abgesagt. Vorangegangen ist eine nachweislich falsche Anschuldigung gegen die Autorin auf dem Blog »Ruhrbarone«, sie hätte die Befreiung Palästinas »mit allen Mitteln« gefordert. Dennoch widerruft die Autorin ihre frühere Sympathie für eine palästinensische Gruppe und die Stadt Bochum korrigiert ihren eigenen Fehler nicht. Der Blog »Ruhrbarone« tritt unter anderem mit Vernichtungsfantasien wie »Transform Gaza to Garzweiler« hervor. (Zekri 2024)
- 1.12. Elisa Baş, Sprecherin von Fridays for Future, muss zurücktreten, nachdem sie einen Kommentar von Josef Schuster kritisiert hat. Der Präsident des Zentralrats der Juden forderte in der »Bild«-Zeitung, man müsse etwas gegen die »Barbaren« tun, die den Hamas-Terror feierten. Nach ihrer Kritik überzieht der Springer-Konzern Baş mit einer Kampagne, der sich auch andere Zeitungen anschließen.
- 13.12. Die den Grünen nahestehende Heinrich-Böll-Stiftung sagt die Verleihung des Hannah-Arendt-Preises an Masha Gessen ab. Der Schriftsteller/die Schriftstellerin (Gessen versteht sich als Trans-Person) stammt aus einer aschkenasischen Familie, soll für Reportagen über Russland ausgezeichnet werden, weicht aber, was Israel betrifft, von der deutschen Staatslinie ab.
- 18.12. Die Holocaust-Überlebende Marione Ingram (Jahrgang 1935) darf nicht mehr in Hamburger Schulen sprechen, weil sie sich gegen einen Genozid in Gaza gewandt hat.
- 21.12. Das Festival Meet Your Neighbours, eine Münchner Veranstaltungsreihe mit geflüchteten Künstlerinnen und Künstlern, lädt den syrisch-palästinensischen Schriftsteller Ramy Al-Asheq aus.
- 9.1.2024. Nachdem Staat und Medien enormen Druck auf sie ausgeübt haben, beendet die Staatliche Hochschule für Gestaltung in Karlsruhe die Gastprofessur des südafrikanischen Künstlers Adam Broomberg, der sich antizionistisch geäußert hat. Der

aus jüdischer Familie stammende Künstler gibt an, sich bedroht zu fühlen, seitdem der Hamburger Antisemitismusbeauftragte Stefan Hensel ihn in die Nähe des Antisemitismus gerückt hat. (Velie 2023)

- 17.1. Nach einem Hinweis des Politikers Volker Beck (Bündnis 90 / Die Grünen) lässt die Bundeskunsthalle Bonn das Werk »The ABC of Racist Europe« von Danicla Ortiz durch die angeblichen Antisemitismus-Experten Prof. Nicole Deitelhoff und Prof. Meron Mendel untersuchen, (Kohler 2023) befindet es für antisemitisch und versieht es mit einer entsprechenden Warnung. Mit der Künstlerin selbst wird keine Rücksprache genommen.
- 23.1. Die Region Hannover verschiebt den Neujahrsempfang der Frauen und sagt eine dafür geplante Rede der französischen Schriftstellerin Emilia Roig, Tochter eines jüdisch-algerischen Vaters und einer aus Martinique stammenden Mutter, wegen Roigs angeblich »israelfeindlicher« Einstellung ab.
- 26.1. Um sich die zu erwartenden Anfeindungen wegen ihrer Israelkritik zu ersparen, kündigt die bekannte Performance-Künstlerin Laurie Anderson an, die Pina-Bausch-Professur der Folkwang-Universität nicht anzutreten.
- 6.2. Nachdem ihre Ausstellung in Heidelberg gecancelt worden ist (siehe oben), wird nun auch die Gastprofessur von Jumana Manna an der Akademie der Bildenden Künste München nicht verlängert.
- 7.2. Nach einer Schmutzkampagne gegen den Anthropologen Ghassan Hage wegen seiner Postings zum Nahostkonflikt beendet die Max-Planck-Gesellschaft in Halle seinen Arbeitsvertrag.
- 5.4. Der Rektor der Universität Köln zieht die Gastprofessur für die berühmte, aus jüdischer Familie stammende Philosophin Nancy Fraser zurück, weil sie das Manifest »Philosophy for Palestine« unterzeichnet hat.

Und so weiter und so weiter. Die Repressionen von Staat, Kultureinrichtungen und Universitäten, die Diffamierung in den deutschen Medien richteten sich auffälligerweise gegen ganz bestimmte

Künstlerinnen, Künstler und Intellektuelle: Die meisten Opfer sind weiblich, die wenigsten von ihnen in Deutschland geboren, viele haben Erfahrung mit Rassismus, Antisemitismus und Sexismus gemacht, sind queer, trans oder nicht-weiß. Vergisst man für einen Augenblick, dass es um Nahost gehen soll, wirkt diese Säuberung wie der Fantasie eines Rechtsradikalen entsprungen. Es ist, als ob sich Deutschland in einer großen Nationalisierung der Fremden, der Andersartigen, der Nicht-Normierten entledigte, damit die echten Deutschen wieder unter sich sind. Freilich wird dieser Wunschtraum von Volker Beck und ähnlichen Kadern verwirklicht (auch wenn die AfD applaudiert).

Erstaunlich viele der Opfer haben einen jüdischen Hintergrund. Dass sie jüdisch sind, muss nicht bedeuten, dass sie ihren Protest auf jüdische Werte zurückführten. Der Musiker Michael Barenboim, der das Recht auf pro-palästinensische Proteste verteidigt hat, sagte, er tue dies nicht als Jude, sondern als Universalist. (Barenboim/Siegmund 2024)

Die Bewegung »Not In Our Name« aber formierte sich weltweit als dezidiert jüdischer Protest gegen die israelische Politik. Es ist ein weitverbreitetes Missverständnis, dieser Protest richtete sich gegen die Existenz des Staates Israel, im Gegenteil, die Protestierenden erkennen, dass dieses Land auf einen »historischen Abgrund« (Zuckermann 2010: 178) zutreibt, in den zu stürzen sie es bewahren wollen. Simone Zimmerman, Protagonistin des Films »Israelism« (2023), begründete ihre Kritik an Israel sogar mit einem Linkszionismus. Sie sieht das Engagement vieler Jüdinnen und Juden für eine Waffenruhe als Teil des Kampfes gegen Antisemitismus.

> »Wir wenden uns öffentlich gegen das Verschmelzen unserer Gemeinschaft mit der Politik der israelischen Regierung. […] Jüdisches Leben wird nicht sicherer, wenn unsere Gemeinschaft mit dieser rechtsextremen Politik zusammengezwungen wird.« (Zimmerman/Hassan 2024)

Wenn nun aber Jüdinnen als Jüdinnen gegen Israel protestierten, musste das Verbot ihres Protests, gerade in Deutschland, fast zwangsläufig höchst bedenkliche Züge annehmen. In einem Land, in dem vor neunzig Jahren schon einmal Berufsverbote gegen Juden erlassen worden waren, kritische jüdische Künstlerinnen und Künstler systematisch von Aufträgen und Preisen abzuschneiden, war zumindest gedankenlos. Den Nachfahren der Holocaust-Überlebenden vorschreiben zu wollen, wie sie den Holocaust zu sehen haben, kam einer Entmündigung, wenn nicht Schlimmerem gleich. Ihnen zu erklären, was jüdisch und unjüdisch ist, erinnerte an den Hermann Göring zugeschriebenen Spruch »Wer Jude ist, bestimme ich«. Ganz zu schweigen von der Glanzleistung des »FAZ«-Herausgebers Jürgen Kaube, der Jüdin Judith Butler die Begünstigung von »Kindermord« (Kaube 2024b) zu unterstellen. Es muss wohl nicht darauf hingewiesen werden, welcher antisemitische Topos damit ganz bewusst aktiviert wurde.

»Der antisemitische Impuls, der sich gerade hinter der weidlich ausgekosteten und unverhohlen freudigen Attacke seitens israelsolidarischer Nichtjuden auf Vertreter der kritischen jüdischen Intelligenz verbirgt«, (Zuckermann 2010: 153) störte jedoch niemanden mehr. Keiner der deutschen Verfolger ließ sich Skrupel anmerken. Die »FAZ« fragte, »wenn schon die – durchaus fragwürdige – Absage der Ausstellung einer jüdischen Künstlerin durch deutsche Kulturbürokraten antisemitisch ist: Was ist es denn eigentlich nicht?« (Kilb 2023)

Die Künstlerin, gegen die sich die »FAZ« so blasiert wandte, ist die bereits erwähnte Candice Breitz. Ihr Fall darf für exemplarisch gehalten werden. Die jüdische Südafrikanerin hatte sich in langer Feldforschung mit Sexarbeit in ihrem Heimatland beschäftigt. Ihre künstlerische Verarbeitung dieser Recherche sollte, nach dreijähriger Vorbereitung, in der Modernen Galerie des Saarlandmuseums, Saarbrücken, vorgestellt werden. Nach Diffamierungen in der linksliberalen Presse (Guggenberger 2023) wurde diese Ausstellung im November 2023 abgesagt – zunächst hieß es: auf Veranlassung des Museums selbst. Weder erfolgte eine schriftliche Absage, noch wurden die Vorleistungen der Künstlerin entlohnt (Breitz 2024: 1f.). Die inzwischen bekannte E-Mail-Korrespondenz zwischen Künstlerin und Museumsleiterin deutet wenigstens an, dass das Museum auf Druck des Ministeriums handelte.

Die saarländische Kultusministerin selbst fand immer neue Gründe, zu dem wesentlich, wenn nicht sogar allein von ihr veranlassten Verbot zu schweigen, das nicht einfach Zensur war, denn die Ausstellung selbst hatte, wie gesagt, mit dem Thema Nahost gar nichts zu tun. Das Verbot richtete sich nicht etwa gegen ein beauftragtes Werk, sondern gegen dessen Schöpferin, der das Recht bestritten wurde, sich als Privatperson zu politischen Themen zu äußern, in diesem Fall die israelische Kriegspolitik zu kritisieren. Das widerlegte das Argument der »FAZ«, die Freiheit der Kunst begründe »keinen Anspruch auf staatlich geförderten politischen Aktionismus« (Kilb 2023).

In Saarbrücken und längst nicht nur dort wurde, in der wohlbekannten Manier der Berufsverbote, die Künstlerin als vollständiges Eigentum des Staates angesehen. Mit der Einwilligung, in einem von der öffentlichen Hand finanzierten Museum auszustellen, sollte sie sich aller Rechte begeben haben, auch des Rechts, eine schriftliche Bestätigung dafür zu erhalten, dass sie gefeuert ist, ja sogar des Rechts, zu den schwerwiegenden, ehrabschneidenden Vorwürfen Stellung nehmen zu dürfen. Stattdessen sollte sie es schweigend über sich ergehen lassen, von höchster Stelle und selbstverständlich von den Medien mit Schmutz beworfen zu werden. Wie es in der BRD der siebziger Jahre dem Briefträger verboten wurde, sich in seiner Freizeit für den Sozialismus zu engagieren, so hier einer Künstlerin, sich außer mit dem Phänomen der Sexarbeit auch mit dem Grauen eines gerade tobenden Krieges zu befassen.

Nach langem Schweigen rechtfertigte sich die saarländische Kultusministerin, eine Sozialdemokratin, doch noch für ihren autoritären Eingriff in die Meinungsfreiheit. Da sich alle Vorwürfe aus den Medien – die Künstlerin stehe BDS nahe, sie habe sich nicht vom Massaker der Hamas distanziert – als Lügen erwiesen hatten, blieben der Ministerin nur zwei Optionen: die Lügen noch einmal zu wiederholen oder neue Zeugen zu berufen. Sie entschloss sich dazu, beides zu tun.

Sie begrüße es, sagte die Ministerin, »dass durch den Diskurs der letzten Wochen der Umgang mit der antisemitischen BDS-Bewegung bei uns stärker in die Öffentlichkeit rückt, für die sich Candice Breitz etwa in öffentlichen Briefen stark gemacht hat«. Tatsächlich hatte Breitz aber noch 2017 in Tel Aviv ausgestellt, was klar gegen die Ziele von BDS verstieß. Sodann berief die Ministerin die rechtsradikale Regierung Israels selbst in den Zeugenstand. Die israelische Generalkonsulin habe

> »die Absage der Ausstellung ausdrücklich begrüßt. Sie hat völlig zu Recht darauf hingewiesen, dass jede Freiheit Grenzen hat. Ein Punkt, wo eine Linie gezogen werden muss.« (Streichert-Clivot/Elss-Seringhaus 2024)

In einer Debatte des Landtags führte die Ministerin auch noch den israelischen Botschafter, einen früheren Militär, an. Damit hatte sie ungewollt die Diskussion zum Abschluss gebracht. Denn sie hatte offengelegt, dass der ohnehin völlig absurde Vorwurf des Antisemitismus einfach nur geopolitische Interessen Deutschlands maskieren sollte. Die Ministerin berief sich auf eine Regierung, deren Mitglied Bezalel Smotrich sich als »homophober Faschist« bekannt, deren Mitglied Joaw Galant seine Gegner als »menschliche Tiere« bezeichnet und deren Mitglied Itamar Ben-Gvir mitgeteilt hat, er sei »stolz« (Mraffko 2024) auf die von ihm angeordnete Vertreibung der Beduinen. Handelte die Ministerin nicht aus Sympathie für eine solche Politik, dann mit Blick auf die Bundesregierung und ihre bündnispolitischen Interessen. In ihrer Ankündigung, zukünftig mehr saarländische Künstlerinnen und Künstler (und, muss man annehmen, keine Ausländerinnen) zu fördern, darf ihr persönlicher Beitrag zur Nationalisierung gesehen werden.

Dank des zivilgesellschaftlichen Engagements der lokalen Rosa-Luxemburg-Stiftung, der Peter-Imandt-Gesellschaft und der VVN-BdA (Vereinigung der Verfolgten des Naziregimes, Bund der Antifaschistinnen und Antifaschisten) kam Candice Breitz Mitte Mai

2024 doch noch nach Saarbrücken. Sie widmete ihre Performance der Holocaust-Überlebenden Esther Bejarano (1924–2021), die wegen ihrer Israelkritik und ihrer kommunistischen Haltung Nachstellungen durch die deutsche Presse zu erleiden hatte. Nach Breitz' bewegendem Auftritt sagte der anwesende Oskar Lafontaine, wenn die saarländische Landesregierung den Vorwurf, Breitz habe sich nicht genügend vom Terror der Hamas distanziert, ernst meine, müsse sie selbst zurücktreten, denn dass die Regierung »sich etwa von den Verbrechen der Israelis im Gazastreifen distanziert« hätte, sei nicht bekannt. (Kessler 2024)

Wenn Staat und Medien schon so grob mit der kritischen jüdischen Intelligenz umsprangen, konnte es nicht mehr erstaunen, dass sich das ohnehin rassistische Klima für die Palästinenserinnen und Palästinenser weiter verschärfte. Auch hier wurden Argumente für Unterdrückung im Nahostkonflikt gesucht.

Eine couragierte Jury der Berlinale 2024 zeichnete den Dokumentarfilm »No Other Land« von Basel Adra, Yuval Abraham und anderen aus. Der Film zeigt in einer Langzeitbeobachtung, wie ein palästinensisches Dorf im Westjordanland, das einem Panzerübungsgelände, sprich Siedlern weichen soll, wieder und wieder abgerissen und von Siedlern angegriffen wird. Am Ende ist ein Überfall von Siedlern im Oktober 2023 auf das Dorf zu sehen, ein unbewaffneter Dörfler wird von einem Siedler erschossen. Ein Vorfall von vielen Hunderten im Westjordanland seit Beginn des Gazakriegs, (Chalabi 2024) doch muss man es gesehen haben, um es zu glauben.

Da die Filmemacher bei der Preisverleihung den Stopp von Waffenlieferungen an Israel forderten und das Land einer Apartheid-Politik ziehen, wurden sie von Staat und Medien einhellig als antisemitisch verurteilt. Sie mussten anschließend um ihr Leben fürchten. (Oltermann 2024) Diese Furcht schien allzu berechtigt. Im Film ist zu sehen, wie ein Siedler auf den Filmemacher Abraham zutritt, ihn mit seinem Handy fotografiert und sagt: »Ein Jude, der ihnen hilft.« Er werde Abrahams Foto ins Netz stellen, »dann kriegst du

Besuch«. Bizarrer Höhepunkt des Berlinale-Skandals war, dass die Kulturstaatsministerin, die bei der Preisverleihung zugegen war, erklärte, sie habe selbstverständlich nur für den Juden, nicht für den Palästinenser applaudiert.

Solcher Rassismus richtete sich implizit gegen im Land lebende Migrantinnen und Migranten; die gegen sie geübten Schikanen sollten nun endlich einen noblen Grund haben. Über den Verlust von Verwandten und Freunden durften die Palästinenserinnen und Palästinenser nicht klagen, ihre Zeichen sollten sie nicht mehr tragen. Wenn von ihnen noch die Rede war, dann im Zusammenhang mit dem neuen politisch-korrekten Abschiebungsgrund: muslimischer Antisemitismus. (Ranan 2018)

Einen Berliner Kongress zur Lage in Gaza sprengte, wie vom Regierenden Bürgermeister angekündigt, die Polizei. Über den früheren griechischen Finanzminister Yanis Varoufakis, der auf diesem Kongress ein übrigens hervorragendes Referat halten wollte, (Varoufakis 2024) wurde ein Betätigungsverbot verhängt. Der deutsche Wirtschaftsminister schärfte den Muslimen, die vielleicht noch nichts von der Staatsräson gehört haben, ein: »Wer hier lebt, lebt hier nach den Regeln dieses Landes«, (Habeck 2023: 2) und die Kulturfunktionäre taten ihr Mögliches, den muslimischen Teil der Bevölkerung auszuschließen, einzuschüchtern oder zu demütigen.

Die »Neue Zürcher Zeitung«, die sich besonders aggressiv für das Kriegskabinett von Benjamin Netanjahu einsetzte und in ihre Polemik gern auch antikommunistische und antiintellektuelle Töne einfließen ließ, (Mohr 2024) befragte zum Thema den Leiter der Kurzfilmtage Oberhausen. Er hatte sich in einer Mitteilung des Mikroblogging-Diensts X nicht nur einer Solidaritätskundgebung für die israelischen Opfer angeschlossen – »unter der Schirmherrschaft des deutschen Bundespräsidenten«, wie er beflissen hinzufügte –, sondern sich bei der Gelegenheit auch gewünscht, die Solidarität mit Israel werde so groß wie die mit der Ukraine. »Zeigt der Welt, dass die Neuköllner Hamas-Freunde und Judenhasser in der Minderheit sind«, hatte er der Mehrheit zugerufen. (Rapp 2024b) Auf

Nachfrage führte er aus, er habe sich dagegen wenden wollen, dass man im Berliner Stadtteil Neukölln, wo viele Araber wohnen, Freudenfeste feiert, »wenn 1200 Menschen zu Tode kommen, vergewaltigt und geschändet werden«.

Was der Unterschied zwischen Vergewaltigung und Schändung sein soll, blieb unklar, ohnehin war der von der »New York Times« in die Welt gesetzte Vorwurf, die Hamas hätte systematisch vergewaltigt, schon seit Januar 2024 widerlegt (Blumenthal/Maté 2024; Goodman 2024). Unklar blieb zunächst auch, weshalb ein Oberhausener Kulturfunktionär sich über Neuköllner Vorkommnisse äußert. Doch das klärte sich in diesem aufschlussreichen Interview. Die Aufgabe eines Festivalleiters bestehe, sagte er, darin, »Leuten, die Kultur finanzieren«, zu vermitteln, was im »öffentlichen Interesse« liege, kurz, er soll im Auftrag von Staat, Land und Stadt die kulturellen Verhältnisse steuern (falls nötig, auch in eine rassistische Richtung). Da sei er auf aktive Mithilfe seines Publikums angewiesen, die er sich so vorstellt:

> »Wir müssen einen neuen Gesellschaftsvertrag in der Kultur aushandeln, wie wir miteinander umgehen wollen, auch mit dem grassierenden Antisemitismus dort. Dass Antisemitismus hier zum kulturellen Code gehören soll, oder gegenseitige Boykotte gar, darf nicht sein. Notfalls muss das über die Kulturförderung reguliert werden.« (Gass/Scheiner 2024)

Hinter der Idee von einem »Gesellschaftsvertrag« steht, freundlich betrachtet, der »fromme Wunsch« (Althusser 2009: 105), alle Menschen wären gleich. Nüchtern betrachtet, verrät dieser Begriff die Absicht der Bürger, über die klassenmäßige Verfasstheit der Gesellschaft hinwegzutäuschen. Es gab niemals einen Gesellschaftsvertrag und es wird auch keinen »neuen« geben, solange wir in einer Klassengesellschaft leben. Übrigens nähme eine Übereinkunft darüber, was als »israelbezogener« Antisemitismus fortan verboten sein soll, Funktionären die Arbeit weg. Denn sie werden nicht nur für schöne Worte, sondern auch für ihren Dienst am »öffentlichen Interesse«, kurz für Lenkung und Zensur bezahlt und belobigt (dem Festivalleiter wurde von der Deutsch-Israelischen Gesellschaft die Ernst-Cramer-Medaille 2024 verliehen). Vermutlich wusste der Funktionär selbst am besten, was seines Amtes ist, deshalb drohte er – schon ganz in der Position des strafenden Staates – Zuwiderhandelnden mit dem Entzug der Kulturförderung. Diese Art der Bestrafung und Meinungssteuerung wurde in Berlin bereits geplant.

Der Berliner Kultursenator, wie die Außenministerin ein Bewunderer von Joseph Fischers Kriegspolitik, brachte eine systematische Überprüfung sämtlicher Künstlerinnen und Künstlern, die Förderanträge stellen, ins Gespräch. Unter anderem sollte kontrolliert werden, ob auch kein Antragsteller unter die Antisemitismus-Arbeitsdefinition der IHRA (International Holocaust Remembrance Alliance) falle, die es besonders leicht macht, Israelkritik als antisemitisch auszulegen. Selbst einer der Mitautoren dieser Definition, Kenneth Stern, verglich diesen Missbrauch mit dem McCarthyismus. (Lenz 2024)

In Berlin wegen rechtlicher Bedenken de iure zurückgestellt, wird die systematische Überprüfung de facto längst in ganz Deutschland praktiziert, wie mir Eran Schaerf sagte. Der jüdische Künstler wuchs in Israel auf und lebt seit Langem in Belgien und Deutschland. Für einen Wettbewerb, bei dem eine künstlerische Reaktion auf mittelalterliche judenfeindliche Darstellungen (Skulpturen, Malerei, Fenster) am Kölner Dom gesucht wurde, sei er zwar nominiert gewesen, aber habe seinen Namen auf der Liste der Teilnehmerinnen und Teilnehmer vergeblich gesucht. Auch bei diesem Aussieben habe die Arbeitsdefinition der IHRA zugrunde gelegen. Schaerf fügte hinzu:

> »Schon seit einiger Zeit gibt es eine neue Funktion in der deutschen Kultur: den Berater oder die Beraterin. Diese Mutation des Antisemitismusbeauftragten soll eine ›problematische Gesinnung‹ (›Domradio.de‹) aufspüren, die der Fachjury entgehen könnte.« (Schaerf/Ripplinger 2024)

Und als problematisch gilt unter anderem, gegen einen Krieg zu sein.

Aporien der freiwilligen Selbstgleichschaltung

Der Anteil der Medien an der Militarisierung

> »Wer von Gesellschaft spricht, spricht vom Funktionieren,
> wer von Gesellschaft und vom Funktionieren spricht,
> spricht von Sprache.«
> *Paul Valéry, 6.1.1945*
> *(Valéry 2023: 379)*

Die Militarisierung der Kultur lässt sich bequem an den deutschsprachigen Medien verfolgen. Denn Medien sind allein schon aufgrund ihres Geschäftsmodells opportunistisch. Doch stehen ihnen zwei unterschiedliche Opportunismen zur Verfügung: Sie können den Beherrschten oder der Herrschaft nach dem Mund reden. Vom kommerziellen Standpunkt aus wäre die erste Option günstig, die zweite lohnt sich, wenigstens auf den ersten Blick, nur, wenn die Medien wie Staatsdiener beauftragt und entlohnt würden, was bei uns nur in Ausnahmefällen zuzutreffen scheint. Deshalb überrascht, dass sich Redaktionen geschlossen hinter die herrschende Klasse stellen. Denn wie das Sprichwort sagt, belebt Konkurrenz das Geschäft. Weshalb also ohne Not die Konkurrenz aufgeben und auf das Geschäft verzichten?

Wenigstens eine teilweise Erklärung könnte sein, dass journalistische Inhalte heute vermehrt nicht aus den Redaktionen, sondern aus »journalistischen Pools« (Becker 2024: 156) stammen. Dabei handelt es sich um Agenturen, Netzwerke, Rechercheverbünde und ähnliche Zusammenschlüsse, die fertige Artikel liefern. Es lässt sich nachweisen, dass etliche dieser Pools mit interessierten Parteien in (geschäftlicher) Verbindung stehen, so Reuters mit dem Pharmakonzern Pfizer oder Gegneranalyse.de mit dem staatsnahen Thinktank Liberale Moderne. (Bohnstingl/Obermayr/Reitter 2023: 79–89) Außerdem wurde und wird die Propaganda gerade in Kriegszeiten erheblich von Public-Relations-Firmen und Lobbyisten beeinflusst. (Beham 1996: 150–192) Und gerade die öffentlich-rechtlichen Sendeanstalten in Deutschland sind mit dem Staat derart verquickt, dass, zumindest, wenn es darauf ankommt, eine Abweichung von der offiziösen Linie gar nicht vorstellbar ist.

Es war also keine große Überraschung, dass »der öffentlich-rechtliche Rundfunk mit seiner umfangreichen Thematisierung der Corona-Krise als systemkonformer Partner der Regierung« (Krüger/Müller 2023: 300) agierte. Bis zu einem bestimmten Grad lassen sich diese Berichterstattung, ja selbst die ausgegebenen »Worst-Case«-Szenarien sogar rechtfertigen. Denn belastbare Erkenntnisse über die Krankheit lagen zu Beginn nicht vor, es schien vertretbar, die Pandemie schwärzer zu malen, als sie war, um die Bevölkerung zu dem Verhalten zu veranlassen, das zunächst (wie sich zeigen sollte, nicht immer zu Recht) als das sicherste erscheinen mochte.

Doch wie eine von der Rudolf-Augstein-Stiftung finanzierte Untersuchung zu behaupten, die deutschen Medien hätten mit Ausnahme der Springer-Blätter ausgewogen und sachlich über Corona berichtet (Maurer/Reinemann/Kruschinski 2021: 33), ist allein schon an den Artikeln des Nachrichtenmagazins »Der Spiegel« und von »Spiegel Online« leicht zu widerlegen. Ein Potpourri ihrer Titel: »Das deutsche Gesundheitssystem gilt als eines der besten der Welt. Nun herrscht in den Krankenhäusern der Ausnahmezustand. Lässt sich ein Kollaps wie in Italien noch abwenden?« (20.3.2020); »Deutsche Ärzte bereiten sich auf Mangel an Intensivbetten vor« (26.3.); »Falls die Beatmungsgeräte nicht reichen. Wie die Ärzte der Uniklinik Augsburg sich auf die Triage vorbereiten« (10.4.); »Hat Schweden die Alten geopfert?« (9.10.); »Wer darf überleben, wer muss sterben?« (4.11.); »Welcher Corona-Patient soll noch beatmet werden – und welcher nicht?« (6.11.); »Wie ein Amtsrichter Coronaleugner jubeln lässt« (12.4.2021); »Ohne den Booster für alle geht es nicht« (16.11.); »Pfizer will Coronapille armen Staaten billiger liefern. Pfizer könnte ein Durchbruch auf der Suche nach einem Medikament gegen Corona gelungen sein« (16.11.); »Wir haben's versaut. Warum es einen großen Unterschied macht, ob die Impfquote bei 70 oder 85 Prozent liegt« (19.11.); »Extremismusforscher pocht auf härteres Vorgehen gegen gewaltbereite Coronaleugner« (6.12.); »22 Prozent der Thüringer verharmlosen Coronavirus« (7.12.); »Kardinal Müller verbreitet Corona-Verschwörungsmythen« (13.12.); »›Das ist durchaus eine Gefährdung unserer Demokratie‹. In zahlreichen deutschen Städten gab es am Wochenende Proteste gegen Coronamaßnahmen, teils mit brutalen Übergriffen. Politiker und Experten warnen vor weiterer Radikalisierung – bis hin zum Terrorismus« (13.12.); »›Eine kleine, extremistische Minderheit hat sich von unserer Demokratie abgewandt‹: Kanzler Olaf Scholz findet in seiner ersten Regierungserklärung deutliche Worte für Coronaleugner« (15.12.); »Wenn der Coronaleugner im Klassenzimmer sitzt« (17.12.); »Sohn gibt Impfgegner Schuld am Tod seiner Mutter« (18.1.2022); »Hamster mit Covid-19 infiziert« (18.1.); »Impfgegner skandieren Parolen vor Gebäude des SWR« (22.1.); »Ermittlungen nach mutmaßlichem Verstoß gegen Corona-Quarantänepflicht. Ist eine Österreicherin schuld am Tod ihres Nachbarn? Die Frau soll es während einer Coronainfektion nicht so genau mit den Quarantäneregeln genommen haben. Nun steht der Verdacht der grob fahrlässigen Tötung im Raum« (8.2.); »Exportiert China demnächst wieder Corona?« (9.12.2022).

Die Politik des »Spiegel« bestand während der Corona-Zeit im Einflößen von Todesangst und im Diffamieren von Kritik. Die »Triage«, jene aus Kriegszeiten bekannte Notsituation, in der nicht mehr genug ärztliche Hilfe für alle zur Verfügung steht und manche Kranke erbärmlich krepieren müssen, wurde über Monate als Gefahr an die Wand gemalt. Kritik an der Regierung äußerte das

Magazin nur, wenn ihm die Maßnahmen nicht weit genug gingen. Während er das Wirken des Pharmariesen Pfizer wohlwollend begleitete, hieb der »Spiegel« auf die »Coronaleugner« ein.

Dabei traf der unvoreingenommene Beobachter auf den Demonstrationen der Impf-Skeptiker ein buntes Völkchen von oft unpolitischen, besorgten Bürgerinnen und Bürgern, sicher auch von einigen Esoterikern und Rechten, aber von ebensovielen Libertären. (Hanloser 2020) Wenn jemals mit Kanonen auf Spatzen geschossen worden ist, dann in der Corona-Zeit von den Kanonieren des »Spiegel«, dieses Sturmgeschützes der Kleptokratie.

Mit sehr wenigen Ausnahmen unterstützten die deutschen Medien die rigide Politik der Bundesregierung, ja forderten sogar ein noch strengeres Durchgreifen. (Roth 2022: 252) Und gerade so ging es im Ukrainekrieg weiter. (Scheben 2023) Überraschenderweise kommt eine Untersuchung über die Ukraine-Berichterstattung zu dem Schluss, der »Spiegel« sei unter den deutschen Leitmedien überhaupt das einzige gewesen, das eine diplomatische Lösung auch nur erwogen habe. (Maurer/Haßler/Jost 2023: 20) Überraschend ist das deshalb, weil der »Spiegel« im Jugoslawienkrieg mit Titeln wie »Völkergefängnis Jugoslawien. Terror der Serben« (8.7.1991) die Stimmung angeheizt hatte. Namentlich der Redakteur Olaf Ihlau nahm damals die »Militarisierung der deutschen Außenpolitik« vorweg. (Beham 1996: 212) Ebensolche Scharfmacher waren Johann Georg Reißmüller in der »FAZ« und Erich Rathfelder in der »Taz«. Der Letzte gestand später, ihm sei der taktische Fehler unterlaufen, nicht stärker auf die »Mentalität« seiner damals noch mehrheitlich aus der Friedensbewegung kommenden Leserschaft zu achten, um sie besser auf den Nato-Militäreinsatz vorzubereiten. (Struck 2013: 74)

Heute könnte man die Namen der Militaristinnen und Militaristen gar nicht mehr alle nennen, sie bilden eine nahtlos geschlossene Phalanx. Interessant ist dabei, dass man, ähnlich wie während Corona, ja noch deutlicher, nicht einfach dem Staat folgte, sondern ihn weit überbot. Das zeigte sich wenige Tage nach dem Einrücken

Russlands in die Ukraine daran, dass die »Frankfurter Allgemeine Sonntagszeitung« bereits forderte, Europa (sprich Deutschland) müsse nun »Atommacht« werden (Kohler 2022). Das zeigte sich aber auch, ganz allgemein, an der Frage der Waffenlieferungen.

Nach seiner markigen Kriegsrede vom 27. Februar 2022 noch auf Händen getragen, fiel die Beliebtheit des Bundeskanzlers in den Leitmedien rapide ab, als er einige Monate lang den Krieg nicht mit Waffen eskalieren wollte, also vorübergehend eine zivilisierte Regung zeigte. Gezaust wurde er dafür mit besonderer Hingabe von Springers »Bild« und wiederum vom »Spiegel«. (Maurer/Haßler/Jost 2023: 10) In der »FAZ« schrieb deren Mitherausgeber Jürgen Kaube noch im Mai 2024, der Kanzler grinse »wie ein Eichhörnchen, das seine Nuss-Depots verteidigt, wenn er darüber spottet, dass mehr Einsatz Deutschlands für die Ukraine verlangt wird«. Frieden zu versprechen sei angesichts des »Imperialisten« Putin »zynisch und dumm«. (Kaube 2024d) Manche besudeln sich mit Blut, sorglos, als ob sie es jemals wieder abwaschen könnten.

Die Medien forderten also eine Politik rechts der Staatslinie ein. Anders gesagt, dienten sie nur einer bestimmten im Staat vertretenen bürgerlichen Fraktion. Das scheint ein Hinweis auf die gesellschaftliche Stellung und Funktion der in den Medien Beschäftigten zu sein (einige Überlegungen dazu seien im Schlusskapitel vorgetragen).

Obwohl der Gazakrieg bei Drucklegung des vorliegenden Bandes erst ein Dreivierteljahr andauerte, zeichnete sich bereits ein klares Bild der Berichterstattung ab. Wieder standen die Medien fast geschlossen auf der Seite der deutschen und damit der US-amerikanischen Regierung (und folgten getreulich den Differenzen, die sich zwischen den USA und Israel gelegentlich zeigten). Die Gegner dieser Linie galten ihnen, so durchweg in den Springer-Blättern, als »Juden-Hasser«. Das sollten vielfach Intellektuelle, Künstlerinnen und Künstler sein. Aufschlussreich ist der Vergleich der jeweiligen Darstellung solcher Konflikte in israelischen, arabischen und Nato-nahen Medien.

Die Stimmung in Israel könne nationalistischer kaum sein, wurde im Februar 2024 aus Tel Aviv gemeldet, eine Debatte gebe es in den Fernsehprogrammen nur noch darüber, ob Gaza vollständig zerstört werden solle oder nicht. Einen einsamen Kampf führe die marginalisierte Linke. (Shohat 2024) Schon eine Untersuchung des Gaza-Konflikts 2014 kommt zu dem Schluss, dass die israelischen Tageszeitungen das Leiden der Palästinenserinnen und Palästinenser weitgehend ausblenden. Lediglich die »Haaretz« zeigte häufiger Bilder der Zerstörung und nannte die Zahl der Toten. (Müller 2017: 279) Ausländische Mächte wurden, wie wohl zu allen Kriegszeiten in allen Ländern, in Freund und Feind eingeteilt. Mitgefühl mit Israel komme wohl nur auf, hätte die Hamas mehr Erfolg und brächte eine hohe Zahl von Juden um, schrieb etwa »Maariv«. Mit einigem Recht hieß es außerdem, wenn US-Amerikaner auf irakische Zivilisten schössen, gelte das als verzeihlicher Fehler, tue Israel dasselbe, werde gleich von einem Kriegsverbrechen gesprochen. (Ebd.: 281)

Mit Ausnahme des letzten tauchten diese Argumentationsmuster, tauchte diese Bildpolitik während des Gazakriegs ab 2023 in deutschen Blättern prominent wieder auf. Sie bestätigten und bezeugten gleichermaßen die Raison d'État, die Nähe zu den USA und die Verbundenheit mit Israel, selbst unter rechtsradikaler Führung. Die Hasbara, also die israelische Propaganda, zeigte zwar auch anderswo, etwa in Frankreich (Gresh 2024a) oder, vermittelt über die Evangelikalen, in den USA Wirkung, allerdings waren dort immer auch mächtige Gegenstimmen zu vernehmen.

Eine Gegenüberstellung der Berichterstattung der BBC, also des öffentlich-rechtlichen Rundfunks Großbritanniens, und des arabischen Fernsehsenders Al Jazeera über den Gazakrieg 2008/09 belegt, dass auch innerhalb des Nato-Lagers eine zwar parteiische, aber nüchterne Berichterstattung möglich war. Die Reportagen der BBC versuchten – das ist eine Tendenz der westlichen Berichterstattung insgesamt (Morse 2018: 128) –, möglichst wenige Tote und Verletzte zu zeigen. Auch wurde die Anzahl ziviler Opfer nicht genannt.

> »Indem verschwiegen oder vertuscht wurde, wie tödlich die Militäroperation war, erschwerte es die BBC ihren Zuschauerinnen und Zuschauern, die Dringlichkeit einer Reaktion auf den Verlust von Menschenleben in Gaza ganz einzusehen.« (Ebd.: 129)

Obwohl die Toten dieses Krieges ausgespart blieben, kamen immerhin die Bewohnerinnen und Bewohner von Gaza als Trauernde und Überlebende ins Bild, die die Verletzten bargen, weil sonst keine Hilfe zu erhalten war. Auch gaben die Kommentare Aussagen, die sie sich nicht zueigen machen wollten, indirekt wieder: »Israel betont, es bekämpfe nicht die Leute von Gaza. Es beschuldigt die Hamas, sie als menschliche Schutzschilde zu benutzen.« (Ebd.: 139) Es sei nebenbei festgehalten, dass die BBC sich bis heute weigert, die Hamas »Terroristen« zu nennen, weil das ein politischer Kampfbegriff sei. (Simpson 2023) Eine Solidarität mit der Bevölkerung von Gaza sollte darin aber nicht gesehen werden, vielmehr überließ und überlässt es die BBC ihren Zuschauerinnen und Zuschauern, zu einem eigenen Urteil zu gelangen.

Al Jazeera zeigte anders als die BBC Naheinstellungen auf Leichen und Verletzte, auch auf die Gefahr hin, einem Voyeurismus Vorschub zu leisten oder die Betrachter abzustumpfen. (Morse 2018: 144) Der Sender erwies sich in seinen Reportagen der Zeit (und erweist sich noch heute) als parteiisch, nahm und nimmt die Position der Palästinenserinnen und Palästinenser ein. Die Zuschauerinnen und Zuschauer sollen teilnehmen, mitleiden, mitkämpfen. Ihre Trauer soll zugleich anklagend, eine »condemnatory grief«, sein (ebd.: 157f.). Seit Mitte 2024 war den Reportern von Al Jazeera das Betreten des Kriegsgebiets untersagt.

Auch wenn es noch zu früh ist, die deutsche Berichterstattung über den Gazakrieg zu beurteilen, kann doch bereits festgestellt werden, dass sie sich eher an der israelischen als an der britischen Linie orientierte. Ein internes Glossar »Berichterstattung Nahostkonflikt« der ARD vom 18. Oktober 2023 gab Sprachregelungen zum Thema vor, etwa sollte (anders als bei der BBC) nicht von

Hamas-»Kämpfern«, sondern von -»Terroristen« gesprochen werden. Die zum Springer-Konzern gehörende News-App »Upday« soll ihren Mitarbeitern vorgeschrieben haben, die israelische Perspektive zu bevorzugen und palästinensische zivile Opfer möglichst nicht zu zeigen. Die Medien folgten so den Vorgaben der Politikerinnen und Politiker, die konsequenterweise in ihren Neujahrsansprachen ausschließlich den Überfall der Hamas vom 7. Oktober 2023 beklagten, den weitaus verlustreicheren Krieg gegen Gaza aber mit keinem Wort erwähnten. Also sprach der Bundeskanzler:

> »Wenn ich im Land unterwegs bin, sagen mir gerade auch viele Ältere: ›So geballt, so Schlag auf Schlag habe ich das alles noch niemals erlebt.‹ – Kaum war Corona halbwegs vorbei, brach Russland mitten in Europa einen unerbittlichen Krieg vom Zaun. – Kurz darauf drehte uns der russische Präsident den Gashahn ab. – Und im Herbst gab es auch noch den brutalen Terrorangriff der Hamas auf Israel. So viel Leid, so viel Blutvergießen. Unsere Welt ist unruhiger und rauer geworden.« (Scholz 2023: 1)

In den Reportagen der deutschen Medien erhielten die israelischen Opfer eine persönliche Geschichte, die palästinensischen blieben in der Regel namenlos oder wurden, wie vom Kanzler selbst, ignoriert.

Mag sein, dass solche Propaganda bei schlichten Gemütern, Rassisten und Autoritären verfängt, mag auch sein, dass die klassischen Medien, die sich freiwillig gleichschalten, ihren Wert für Aufsteiger und Opportunisten behalten, die wissen müssen, was die herrschende Klasse derzeit von ihnen zu denken verlangt. Aber es liegen auch Aporien darin: Als die herkömmlichen Medien mit einer Stimme sprachen, drängten sie gerade dadurch ein vielstimmiges Publikum ins Internet. Die Nähe der Medien zur Macht entmachtete sie selbst. Sie konnten der Macht nur dienen, solange sie den Anschein aufrechterhielten, sie wären (als »Vierte Gewalt«) von ihr getrennt.

Exkurs

»Butler spuckt auf Gräber«

Jürgen Kaube, der Zuchtmeister der Intellektuellen

»Dieser Parteiführer war eine Null, die sich nur deshalb multiplizierte, weil er auch Fürst von Geblüt war.«
Kardinal Retz
(Retz 1909: 93)

In der inzwischen vertrauten Praxis der deutschen Medien, Proteste insbesondere von Künstlerinnen, Künstlern und Intellektuellen gegen den Gazakrieg zu denunzieren und zu kriminalisieren, schwang häufig Antiintellektualismus mit. Professorinnen und Professoren, die in einem Offenen Brief das Demonstrationsrecht auch von Israelkritikerinnen und -kritikern unterstützt hatten, wurden in einem Springer-Blatt als »Universitäter« beschimpft, daneben ihre Porträts – wohl damit ein Rollkommando die Inkriminierten im Fall der Fälle nicht verfehle. Die Bundesbildungsministerin zitierte man mit den Worten, statt sich »klar gegen Israel- und Judenhass zu stellen«, machten diese Akademiker »Uni-Besetzer zu Opfern«. (Vehlewald 2024) Die Akademikerinnen und Akademiker sollten Gewalt verharmlost haben, indem sie die Gewalt des Staates anprangerten. Obwohl dies gar nicht zu seinen Aufgaben gehört, ließ das Ministerium prüfen, ob und mit welchen Maßnahmen gegen die aufsässigen Intellektuellen vorgegangen werden könnte. (Goetz/Biallas 2024) Der Kommentator des Springerblattes selbst schien ihm diese Vorgehensweise zumindest nahezulegen:

> »Eigentlich sollten Berliner Universitäten mit einem Warnhinweis für Eltern versehen werden: ›Achtung, Ihr Kind könnte von Antisemiten und Terror-Verharmlosern unterrichtet weden!‹ Diese Professoren und Dozenten untergraben alles, wofür Deutschland nach 1945 stehen mochte. Der Rechtsstaat, der diese Lehrkräfte finanziert, muss alle Möglichkeiten prüfen. Wer Gewaltaufrufe gegen Juden deckt, sollte niemals junge Menschen unterrichten.« (Piatov 2024)

Die seit den 1960ern wohlbekannte Israelpolitik des Hauses Springer (Zuckermann 2019: 110–122) traf früher gelegentlich auf Widerspruch. Inzwischen haben sich die meisten anderen bürgerlichen Blätter seinem Kurs angepasst. Doch nur einem Journalisten, einem Kapitän auf dem Flaggschiff des deutschen Konservatismus, gelang es, den in den Invektiven gegen die »Universitäter« deutlich zu vernehmenden Antiintellektualismus in den Rang einer Philosophie zu erheben: Jürgen Kaube. Freilich reduzierte sich die Philosophie dieses Mitherausgebers der »FAZ« auf einen einzigen Lehrsatz, den er *ad nauseam* abwandelte: Die Intellektuellen seien, weil sie keine Fachleute sind, in unserer spezialisierten und automatisierten Welt überflüssig und sollten deshalb schweigen.

In einem Artikel vom Januar 2024 warf er den Intellektuellen vor, »einen Genozid an den Palästinensern für wahrscheinlich, für kurz bevorstehend und jedenfalls beabsichtigt zu erklären«. Das sei völliger Unsinn, erkärte er zu einer Zeit, in der sich der Internationale Gerichtshof in Den Haag bereits mit den von Südafrika gegen Israel erhobenen Genozid-Vorwürfen befasste. Auch wenn der Gerichtshof erst nicht ganz davon überzeugt war, dass diese Vorwürfe zutreffen, erließ er am 24. Mai mit dreizehn gegen zwei Stimmen die verpflichtende Anweisung an Israel, den Vorstoß auf das von Flüchtlingen überfüllte Rafah sofort einzustellen. (Internationaler Gerichtshof 2024: 15) Prompt richtete die israelische Armee in Rafah ein Blutbad an.

Folgte man Kaube, müssten in Den Haag zwei kluge Köpfe, vermutlich »FAZ«-Leser, gegen dreizehn Wirrköpfe gestanden haben. Denn ohne irgendeine Begründung dafür vorzulegen, weshalb er *keine* Gefahr eines Genozids sieht, erklärte er diejenigen, die gewarnt hatten, für unzurechnungsfähig:

> »Es sind oft Intellektuelle und Künstler sowie Studenten, die solche Ansichten pflegen. Den Studenten mag man ihre Jugend zugutehalten; sie sind genauso dumm, wie wir damals waren. Für die Unterzeichner offener Briefe, die Schriftsteller, Max-Planck-Direktoren, Historiker und Twitterer gilt diese Entschuldigung nicht.« (Kaube 2024a)

Hatte er auf die deutschen Intellektuellen noch höhnisch herabgelächelt, versetzten ihn Bemerkungen von Judith Butler in Rage. Er war kleinlich genug, eine der bedeutendsten Philosophinnen unserer Zeit zu einer bloßen »Literaturwissenschaftlerin« zu degradieren. Butler hatte mehrfach die Angriffe der Hamas verurteilt, (Butler/Hesse 2024) aber sich, wie es einer Philosophin gebührt, stets bemüht, dieses Verbrechen in einen größeren Kontext zu stellen.

Tatsächlich war die Hamas gerade dadurch, dass die israelische Führung jede seriöse palästinensische Politik torpediert hatte, zur einzigen Vertretung der Palästinenserinnen und Palästinenser vor Ort geworden und wurde so in eine politische Rolle hineingedrängt, was sich etwa dadurch äußerte, dass sie ihre islamistische Rhetorik (vielleicht aus taktischen Gründen) abschwächte oder sich auch um die politischen Gefangenen im Westjordanland, also gewissermaßen ihre Konkurrenz, kümmerte. Auch dass sich die arabischen Staaten der Region um einer Verständigung mit Israel willen von Palästina abgewendet hatten, stärkte die Hamas und insbesondere ihren militärischen Flügel, der die grausige Attacke befahl. (Seurat 2024)

Doch gerade, weil es neben ihr keine nennenswerte Organisation der Palästinenser mehr gab, konnte die Hamas schwerlich die Interessen aller vertreten. Sie vertrat und vertritt mit Sicherheit nicht die Interessen der linken Palästinenserinnen und Palästinenser, die von ihr verfolgt werden. (Shatz 2024: 8) Deshalb war es zweifellos ein

Fehlgriff Butlers, von einem »Widerstand« *tout court* der Hamas zu sprechen, auch wenn dieser Begriff neutral verstanden sein sollte. Ebenso problematisch war es aber, dass in Deutschland jede politische oder auch nur strategische Betrachtung der Vorgänge unmöglich sein sollte. Das Land der Ratio war Deutschland nie, aber war man nun endgültig unfähig geworden, über Gefühlsaufwallungen hinauszukommen? Kaube jedenfalls, ein grobschlächtiger Anhänger des Carl-Schmitt'schen Freund-Feind-Schemas, nutzte die Gelegenheit, um Butler, eine Jüdin, in die Nähe von Kindermördern zu rücken:

> »Sie weiß, dass unter den Toten [des 7. Oktober] Kleinkinder waren und Jugendliche, die mit dem Staat Israel zu identifizieren das Abstraktionsvermögen von Killern erfordert.« (Kaube 2024b)

Ja, das wusste sie. Aber im Gegensatz zu Kaube wusste Butler außerdem, dass unter den Zehntausenden Toten im Gazastreifen Kleinkinder und Jugendliche waren, die mit der Hamas zu identifizieren das Abstraktionsvermögen von Killern erforderte. Dem »Unfug«, den Kaube bei Butler zu erkennen glaubte, replizierte er mit einem eigenen Unfug:

> »Butler spuckt auf Gräber, über die sie vorschlägt, ein Seminar zu Wertungsgesichtspunkten bei Abschlachtungen abzuhalten. 1927 hatte Julien Benda vom ›Verrat der Intellektuellen‹ geschrieben, als er die Bereitschaft der Extremisten diagnostizierte, ihren Geist dem nationalistischen oder internationalistischen Furor zu unterwerfen.« (Ebd.)

Immerhin lässt sich Kaubes Unfug auf die irreführende Übersetzung von Bendas Buchtitel zurückführen. Die »Trahison des clercs« meint gerade nicht den Verrat der Intellektuellen, an denen Benda, einem aus jüdischer Familie stammenden, zum Katholizismus konvertierten Konservativen, nichts lag. Gemeint ist vielmehr der Verrat der Gelehrten und Geistlichen, die sich Bendas Ansicht nach mönchisch um das Ewige und nicht um das Zeitliche zu kümmern hätten.

Auch wenn Benda seinen Humanismus von einem Internationalismus der »Arbeiter, Bänker, Industriellen« (Benda 1958: 178) unterscheiden wollte – der Erste sollte uneigennützig, der Letzte eigennützig sein –, ist in seinem Buch von einem »internationalistischen Furor« keine Rede, wohl aber sehr häufig von einem nationalistischen. Erst die Deutschen, schreibt er, hätten das Übel des Nationalismus in die Welt gebracht, doch hätten sich ihnen die Juden angeschlossen:

> »Da die Juden bis heute in zahlreichen Ländern bezichtigt werden, entweder von einer minderwertigen oder wenigstens von einer ganz besonderen und nicht-assimilierbaren Sorte zu sein, stritten sie daraufhin diese Besonderheit ab und mühten sich, jeden Anschein von ihr zu verwischen. Doch seit einigen Jahren sehen wir einige unter ihnen, die diese Besonderheit im Gegenteil herausstreichen, ihre ganz eigenen Züge betonen oder sich mit ihnen brüsten und kaum mehr die Absicht haben, sich mit ihren Gegenübern zu verbinden (siehe das Werk von Israel Zangwill, André Spire oder die ›Revue Juive‹). Es geht hier nicht darum zu untersuchen, ob die Bewegung dieser Juden womöglich edler ist als die der andern, die ihrer Herkunft abschwören. Es geht vielmehr darum, alle, die am Frieden in der Welt interessiert sind, darauf hinzuweisen, dass dieser Welt des Stolzes, welcher die Menschen gegeneinander aufbringt, ein weiterer Stolz hinzugefügt worden ist, zumindest in dem Sinn, dass man sich seiner selbst bewusst und stolz auf sich selbst ist. Ich spreche hier von den Juden des Westens und von der bürgerlichen Klasse. Das jüdische Proletariat bedurfte unserer Epoche nicht, um die Besonderheit seiner Art zu empfinden. Freilich tat es das, ohne anzuecken.« (Ebd.: 113f.)

Benda wäre also nicht für den rechtszionistischen (und schwerlich mit der Shoah zu erklärenden) Kurs der israelischen Regierung zu haben gewesen, wohl aber für Butlers scharfe Kritik an der Vorstellung, es wären »manche Leben mehr zu betrauern als andere Leben und manche Verluste schrecklicher als andere Verluste« (Butler

2023). Benda und Butler waren und sind anders als Kaube Universalisten. Immerhin mochte Benda wie Kaube die Intellektuellen nicht, jene Rasselbande, die sich zwar nicht selbst verrät, wenn sie ins politische Geschehen eingreift – denn das ist von Émile Zola bis Maurice Blanchot (Blanchot 1996) ihre vornehmste Aufgabe gewesen –, aber die regelmäßig die bürgerliche Ordnung verrät. Überlegen wir also, ob Kaube Benda wenigstens in diesem Punkt für sich reklamieren dürfte. Hier des Herausgebers Erklärung, weshalb die Intellektuellen uns heute nichts mehr zu sagen haben sollen:

> »Als Émile Zola seine Anklage gegen die Verfolger von Dreyfus formulierte, waren die Fächer der politischen Wissenschaft, der Soziologie oder gar der Vorurteilsforschung längst nicht institutionalisiert. Auch Staatsrechtler hätten sich damals nicht leicht hervorgewagt. Heute hingegen würde man wohl nicht als Erstes einen Romancier anrufen, um ein Urteil über einen Justizskandal zu bekommen. In dieser Situation steht die schriftstellerische Intellektualität stets in der Gefahr, nur gut formulierten Small Talk anbieten zu können, weil sie sich weder forschend noch professionell zu ihrem politischen Gegenstand verhält.« (Kaube 2021: 13f.)

Intellektuelle gab es also seiner Ansicht nach um 1900 noch zu Recht, weil verschiedene Fachidiotendisziplinen noch nicht installiert waren. Heute seien die Intellektuellen dagegen nur noch dazu fähig, diffusen Small Talk beizusteuern. Der Small Talk, den er selbst in seinen populärwissenschaftlichen Büchern (etwa Kaube 2017) zur Freude eines korrupten Feuilletons absondert, meinte er damit aber nicht. Vielmehr wünschte er sich, dass immer dann, wenn es ernst wird, Fachleute beigezogen werden, damit nicht »jeder Militäreinsatz« von Texten begleitet werde, »die nicht anders denn als ideologisch zu begreifen sind« (Kaube 2015: XVI). Es soll allerdings auch schon Militärs gegeben haben, die gegen Militäreinsätze waren, aber vielleicht waren sie dann keine Militärs mehr, sondern Ideologen.

So erklärte sich also Kaubes Klage darüber, dass es Max-Planck-Direktoren und ähnlichen Pinschern erlaubt gewesen war, sich zur Kriegslage in Gaza zu äußern. Meinungsfreiheit? *Fiddlesticks!* Wer braucht Meinungsfreiheit? Expertise ist gefordert. Zu selten werde »über die historischen und soziologischen Tatsachen« gesprochen, »die den Konflikt im Nahen Osten bestimmen«. (Kaube 2024c) Um die Tatsachen gehe es ihm. Benda hätte das die »Romantik des Positivismus« genannt. Im Positivismus, so Benda, liege

> »der Glaube, dass die aus der Vergangenheit zu ziehenden Lehren nur aus der Prüfung der *Fakten,* das heißt der *verwirklichten* Absichten gezogen werden könnten, so als ob die nicht verwirklichten Absichten nicht ebenso interessant, ja vielleicht sogar noch interessanter wären, weil sie es ja sein könnten, die nun ihren Auftritt auf der Weltbühne haben.« (Benda 1958: 215)

Damit meinte Benda mit Sicherheit nicht die Revolution, aber sprach doch einen Komplex an, der in Kaubes kleiner Welt nicht vorkommen kann: Möglichkeit. Dass Kaube diesen Komplex nicht kennen kann, ergibt sich aus seiner gesellschaftlichen Stellung, aus seinem eindimensionalen Denken, aber erklärt sich auch aus seiner Bildungsgeschichte. Er ist ein Schüler des Soziologen Niklas Luhmann, des Gegenspielers von Jürgen Habermas und geistigen Kopfs der jüngeren deutschen Rechten.

Luhmanns »Systeme« sind sich selbst reproduzierende und regulierende Prozesse, die über keinen direkten Kontakt mit ihrer Umwelt verfügen. Gesellschaften bestehen für ihn nicht aus Menschen, sondern aus Kommunikationen. Die Kommunikationen, die in ihnen umlaufen, sollen sie immer nur stabilisieren, es gibt in ihnen keine Möglichkeit, das System selbst auf seinen Wert hin zu befragen, es gibt keine »Repräsentation der Einheit des Systems im System« (Luhmann 1996: 53). Luhmanns Philosophie ersetzt Denken durch Verwalten, Kritisieren durch Funktionieren. Eine solche Theorie lässt sich soziologisch leicht erklären, denn dass die Maden im Speck keine Einwände gegen den Speck haben, wundert nicht. Die Intellektuellen und ihre »Gepflogenheit zu protestieren« (ebd.: 157) wirken in dieser Speck-Welt wie Fressfeinde, Störenfriede, kurz wie »Fehler« (ebd.: 199). Gegen die Gepflogenheit zu protestieren, protestieren Lehrer wie Schüler, weil die »Herausforderungen der Zukunft ein anderes

Format« (ebd.: 159) haben und echte Fachleute oder zur Not über sämtliche Fächer hinweg dilettierende Feuilletonisten wie Kaube erfordern. Naiv sei eine Kritik des Kapitals oder der Herrschaft, ans Ziel führe nur, das System zu verbessern (ebd.: 63), also sich dessen Gleichlauf nicht von irgendwelchen Krakeelern stören zu lassen.

Kaubes diesbezügliche Bemerkungen lassen sich von zwei Seiten aus betrachten. Betrachtet man sie unter dem inhaltlichen Aspekt, sind sie paradox, betrachtet man sie unter dem funktionalen Aspekt, unterscheiden sie sich höchstens in ihrem grobianischen Stil von den Produkten anderer Agenturen der Herrschaft. Paradox ist es, einerseits zu verkünden, nur ein Fachmann dürfe in diesen Fragen von Krieg und Mord urteilen, um andererseits als Laie ein vernichtendes Urteil über andere Laien zu fällen (die sich wenigstens die weitere Perspektive erlaubten). Hier wiederholt sich in der Trivialität des Feuilletongeschäfts das Paradoxon Luhmanns, die Totalität des Systems zu bestreiten und sie damit herzustellen. Denn wenn das System nicht von innen als ein Ganzes betrachtet werden könnte, wie erklärte sich die Existenz des Systemtheoretikers, der als dessen unleugbarer Teil umfassende Aussagen über das System macht?

Wie der marxistische Systemtheoretiker Yves Barel schrieb, kommt die Transzendenz, die man zur Tür hinausjagt, stets durch die Hintertür wieder herein. (Barel 1984: 99) Kaube, Luhmann und die ganze Schar der Positivisten und Realpolitiker wollten Unbefugte von kritischen Urteilen abhalten, aber hielten sich selbst für befugt, kritische Urteile abzugeben. Wer die Kritik der Kritiker kritisiert, hat dadurch aber nicht die Kritik überwunden. Er setzt sie bloß, auf konservative Weise, fort.

Bedenkt man, was diese Funktionäre des Gegebenen zu besorgen haben, sind ihre Beiträge allerdings leicht begreiflich. Jürgen Kaubes ideologische Aufgabe ist es unter anderem, den Krieg in Nahost zu befeuern. Er tut dies auch, damit es mit seiner Klasse und in seinem Staat so weitergeht, wie es eben geht. »Dass es ›so weiter‹ geht, *ist* die Katastrophe«, schrieb Walter Benjamin kurz vor einem anderen Krieg. (Benjamin 2021: 683)

Schluss

Über die Unbotmäßigkeit der Kunst

»Es wechseln die Zeiten. Die riesigen Pläne
Der Mächtigen kommen am Ende zum Halt.
Und gehn sie einher auch wie blutige Hähne,
Es wechseln die Zeiten, da hilft kein' Gewalt.«

Bertolt Brecht
(Brecht 1958: 130)

Corona, Ukraine, Gaza – in drei Konflikten vollzog sich eine grundlegende Transformation der deutschen Gesellschaft. Diese Transformation, die komplexer ist, als sie hier entwickelt werden konnte, drückte sich wesentlich in einer Militarisierung aus – mit allem, was, wenigstens in Deutschland, zu ihr gehört: Aufwertung der Armee und soldatischer Tugenden, temporäre Einschränkung der Grundrechte nach Art einer Notstandsgesetzgebung, Patriotismus und Chauvinismus samt Rassismus und Antisemitismus, Klitterung der deutschen Kolonialgeschichte sowie der Geschichte des Nazismus, Bevorzugung von Autorität, Ausschluss und Zensur vor gesellschaftlicher Debatte (und sogar vor ihrer Simulation).

Kultur und Kunst wurden in dieser Zeit zu Räumen sowohl der Propaganda als auch des Protests. Gerade weil sich in drei aufeinanderfolgenden Konflikten diese Tendenzen zeigten, ist es wichtig zu erkennen, dass sie an sich kaum etwas miteinander zu tun haben.

Der erste Konflikt – Corona, ab 2020 – bezeichnet zur Eindämmung einer Krankheit ergriffene drakonische Maßnahmen und den Widerstand gegen diese, der zweite – Ukraine, ab 2022 – eine gegen alle zivilen Kräfte durchgesetzte brutale militärische und ideologische Aufrüstung, der dritte – Gaza, ab Ende 2023 – ein geopolitisch motiviertes Ersticken von Protesten vor allem von Intellektuellen. Ein Blick ins Ausland zeigt, dass sich jeder dieser drei Konflikte auch ohne die beiden andern hätte ergeben können. Es gab etliche Länder, die sich im Ukraine- oder im Gazakrieg neutral verhielten, es gab mit Schweden, auch mit Großbritannien und der Schweiz, Länder, die wenigstens zeitweise ein wesentlich moderateres Regime in der Corona-Krise auflegten. (Roth 2022: 253)

Wie kommt es also zur Wiederkehr und Verstärkung der immerselben autoritären und militaristischen Muster über ganz unterschiedliche Themen hinweg? Das lässt sich nur mit einer Verschiebung in der Klassenstruktur erklären, die eine günstige Voraussetzung für eine kulturelle und politische Umwälzung geschaffen hat. Es ist die Annahme des vorliegenden Essays, dass sich, wenigstens vorübergehend, eine international agierende, neoliberale Bourgeoisie, so zuletzt verkörpert von der deutschen »Ampel-Koalition«, gegen die alte, national und traditionell strukturierte durchgesetzt hat. Militarismus ist ein wesentliches Mittel dieser neuen Bourgeoisie beim Verfolgen ihrer imperialistischen Interessen. Gegen ihre nationalen Gegenspieler befindet sie sich in einem ewigen Kulturkampf.

Einen solchen, sich als Kulturkampf äußernden innerbürgerlichen Konflikt finden wir nicht nur in Deutschland, auch wenn er sich, aus historischen Gründen, nicht überall so ausprägt wie bei uns. Am einfachsten lässt sich der Widerstreit der bürgerlichen Mächte an den USA, am Gegenüber von Joseph Biden und Donald Trump, demonstrieren. (Mit »Biden« und »Trump« seien hier Positionen, nicht Personen gemeint.) So ordnete Charles Kupchan, der zu den Sicherheitsberatern von William Clinton und Barack Obama gehörte, Präsident Biden zugleich dem »interventionistischen und dem liberalen Flügel« der Demokraten zu. (Smolar 2022) Das will besagen, dass eine gesellschaftspolitisch fortschrittliche Fraktion der herrschenden Klasse außenpolitisch ausgesprochen »hawkish«

und imperial agieren kann und wohl auch agieren muss. Um das zu erklären, muss man gar nicht wissen, dass Bidens Sohn Hunter seit Mai 2014 im Verwaltungsrat von Burisma, des größten ukrainischen Gasproduzenten, sitzt. Es genügt, eine Verflechtung dieser Kompradoren-Bourgeoisie mit dem internationalen Kapital zu erkennen, das um den Zugriff auf Märkte ringt.

Träger dieser Entwicklung sind Neoliberale, die bei uns meist grün gefärbt sind. Der Unterschied zu den Neoliberalen der Ära Ronald Reagan und Margaret Thatcher könnte allerdings größer kaum sein. In den 1980er- und noch in den 1990er-Jahren pflegte man einen technokratischen Pragmatismus, der zwar den Zusammenbruch des Sozialismus noch als großen Erfolg feierte, aber sich jede Aussage über das eigene Tun versagte. Es sollte mit der (teleologisch verstandenen) Geschichte für immer vorbei sein, ja es wurde sogar bestritten, es gebe eine Gesellschaft. »[W]ho's society? There is no such thing!« (Thatcher 1987)

Hatten die Reaktionäre noch in den Fünfzigern und Sechzigern sich auf Tradition und Volk berufen, beschieden sich diese mit dem vor sich hin prozessierenden System, dem kein höherer Sinn mehr zukommen sollte. Technologie war die »vom Spätkapitalismus bevorzugte Weise der Selbstdarstellung, die Weise, auf die er sich selbst sehen wollte«. (Jameson 2010: 371) Der Kapitalismus sollte wie eine Maschine erscheinen, die man nur füttern, nicht mehr abstellen kann, seine einzige Existenzberechtigung sollte sein, dass er läuft und läuft und läuft.

Doch aus dem bloßen »Machen«, dem technokratischen Bedienen der großen kapitalistischen Maschine, musste am Ende doch wieder ein politisches Projekt werden. Es zeigte sich nämlich, dass der Kapitalismus, anders als man unter Reagan und Thatcher dachte, völlig dereguliert und privatisiert nicht sich selbst erhalten kann. Er bedarf, nicht nur für Reparaturarbeiten im Innern (Stichwort: Bidenomics), sondern auch für die ursprüngliche Akkumulation in neu erschlossenen oder gerade überfallenen Ländern, der Assistenz von Staat und Armee. So erklärt sich nicht nur die Rückkehr des

Staates, sondern auch, dass »strategische Nationalisierungen« (Jameson 2010: 380) dem Neoliberalismus, der doch keine Staaten, keine Grenzen, keine Gesellschaften, erst recht keine Nation mehr kennen wollte, schließlich doch opportun erschienen.

Eine führende Rolle des Staates ist das, was wir unter Corona, ein strategischer Nationalismus und ein indirekter Kolonialismus das, wir im Ukraine- und Gazakrieg gesehen haben. Der Kultur, die zuvor nur noch Beschallung des Maschinenraums war, wuchsen nun ganz neue Funktionen zu und die Militarisierung, die folgte, nahm in Deutschland besonders brachiale Formen an, gerade weil sie schon seit der Wiederbewaffnung umstritten war und einige Widerstände zu überwinden hatte. Es lag in Deutschland ein historisches Tabu auf dem Militär, das zum ersten Mal 1999 von Joseph Fischer und seinem Gefolge gebrochen wurde. Aber auch aus der Entwicklung anderer Länder, etwa den USA, ist einsichtig, dass das Kriegsgebrüll eher von den nach vorn stürmenden als von den rückwärts gewandten Kräften kommt.

Doch wenn die grünliche Führungsklasse einem kulturalisierten Neoliberalismus samt Militarismus folgt, sollte fairerweise auch festgestellt werden, was sich ihr entgegenstellt und immer wieder an die Macht gelangt: Es ist der in vielen Weltgegenden, mit vielen Gesichtern auftretende Trump'sche Nationalismus, das energische Festhalten am nationalen Kapital, an den althergebrachten kulturellen, religiösen und patriarchalischen Mustern und Zwängen. Weil auch er sich neoliberal reformiert hat, darf er mit dem Konservatismus älterer Prägung nicht verwechselt werden, der etwa den Bruch von Rechtsnormen nicht ohne Weiteres geduldet hätte. Die neuen Nationalisten rebellieren oft genug gegen den modernen Imperialismus, nur eben vom Standpunkt der »beleidigten Heimatliebe«, sie halten den Imperialismus für einen »Diebstahl an Land und Volk«, wohlgemerkt am eigenen Land und am eigenen Volk. (Redaktion Gegenstandpunkt 2024: 76f.)

Das Ironische am Kampf der beiden bürgerlichen Fraktionen besteht darin, dass der Trumpismus, gerade weil er nationalistisch agiert, weniger an Kriegen interessiert ist und also, trotz seiner militanten Rhetorik, oft konfliktscheu agiert, während der Bidenismus, schon wenn er einen Krieg oder Stellvertreterkrieg führt, bereits den nächsten und übernächsten im Sinn hat. Oder sagen wir es anders: Wenn einer wie Trump sich mit dem Rivalen China auseinandersetzt, geht es bald um Strafzölle, bei Biden dagegen sieht man die Kriegsschiffe kreuzen. Es ist hier nicht der Ort, diese eigenartige Verkehrung der Frontstellungen detaillierter auszuführen. Sie lässt sich gewiss nicht bloß an Parteien festmachen; einerseits führten Vater und Sohn Bush, beide neokonservative Republikaner, einige der grausigsten Kriege der letzten Dekaden, andererseits wies Barack Obama, der den Friedensnobelpreis erhielt, immer wieder darauf hin, die USA seien nicht bereit, auf ihre führende Rolle in einer monopolaren Weltordnung zu verzichten.

Da wir nun einem Kampf beiwohnen, den eine nationale und eine internationale, eine traditionalistische und eine modernistische, eine isolationistische und eine imperialistische Bourgeoisie miteinander austragen, fällt auf, dass er sich zwar in der Kultur ganz allgemein, jedoch eher selten in der Kunst widerspiegelt. In den Protesten der Corona-Zeit waren trumpistische Töne zu vernehmen und sie wurden von den staatsnahen Medien auch genüsslich verspottet. Doch viele Künstlerinnen und Künstler, die während des Ukraine-, insbesondere aber während des Gazakriegs niedergehalten wurden, vertraten internationalistische, fortschrittliche und entschieden antiimperialistische Positionen.

Es erwies sich also, dass ausgerechnet in der vielen als käuflich geltenden Kunst sich eine Kraft etablierte, die für die Propaganda, wie sie von den führenden Medien Tag für Tag hinausgeblasen wird, nicht empfänglich ist. Wie ist das soziologisch zu erklären? Medien und Kunst rekrutieren sich beide aus geistigen Arbeiterinnen und Arbeitern, die also nicht für die materielle, sondern nur für die ideologische Reproduktion sorgen können und vielfach auch müssen. Sie sind vorderhand für staatliche Aufgaben geeignet, da, schreibt Nicos Poulantzas, der Staat die »geistige Arbeit verkörpert, insofern sie sich von der Handarbeit unterscheidet« (Poulantzas 2013: 97), und werden so, ob in Akademien, in der Kulturszene oder eben in Medien, offizielle und inoffizielle »Staatsfunktionäre« (ebd.: 99). Die von ihnen bedienten »Staatsapparate sichern und reproduzieren die Hegemonie, indem sie vorläufige Kompromisse zwischen dem Machtblock und den beherrschten Klassen ins Spiel bringen« (ebd.: 206).

In einer »konzertierten Aktion« arbeiten, wie Louis Althusser analysierte, (Althusser 2011: 121–123) die »Ideologischen Staatsapparate«, also Medien, Schulen, Kirchen, Kultureinrichtungen, mit dem repressiven Staatsapparat zusammen. Da, wie gesehen, wenigstens ein Teil von ihnen (die Medien) sich auf eine radikale Fraktion innerhalb der herrschenden Klasse bezieht, können sie den Zugriff des Staates sogar verschärfen. Allein der Aufwand, den sie treiben, belehrt schon darüber, dass es hier nicht nur um das Durchsetzen einer gewünschten Weltanschauung, sondern auch einer Macht geht. Es ist die Macht der herrschenden Klasse. Es ist die Macht, mit der sie die Ausbeutung erzwingt. Es ist die Macht eines Imperialismus, der sich seiner Armeen zu bedienen gedenkt und die Kultur in einen Exerzierplatz verwandeln will.

Aber auch diese Prozesse vollziehen sich in Widersprüchen. Gerade durch die Globalisierung, die den Machtkampf zwischen der nationalen und der internationalen Bourgeoisie weiter verschärft hat, ist etwas ins Rutschen gekommen. Um es ganz schlicht zu sagen: Welchem Staat gegenüber soll sich eine Künstlerin, die international wirkt und verkauft, loyal zeigen? Soll sie sich, auch wenn sie einen Wohnsitz in Deutschland hat, über das unbedingt Erforderliche hinaus einem deutschen Staat verpflichtet fühlen, der nun sogar damit beginnt, Gesinnungsprüfungen durchzuführen und aufs Neue Berufsverbote duldet oder erlässt? Soll sie sich in einer deregulierten, entgrenzten Welt einem neuen Nationalismus beugen?

Also stehen den nationalistischen, militaristischen Tendenzen zumindest eines liberalen Machtblocks die internationalistischen, antimilitaristischen Tendenzen einer Künstlerschaft gegenüber, auch wenn diese im Grunde selbst liberal gesinnt ist. Der Kapitalismus hatte doch, wie es im »Manifest« heißt, alle »chinesischen Mauern in den Grund« geschossen, alle Grenzen überwunden. Nachdem dieser Fortschritt, unter hohen Opfern, einmal errungen war, noch einmal aufs 19. Jahrhundert mit seinen patriotischen Feiern und Veteranentagen zurückzufallen, ist ein Atavismus, den kein wacher Geist freiwillig duldet.

Das vielfach konstatierte und oben bereits diskutierte Zurückweichen des Paradigmas der Kunstautonomie zugunsten von aktivistischen und diskursiven Formaten kann also auch als Reaktion einer längst internationalisierten Künstlerschaft auf das zunehmend autoritäre Gebaren der neonationalen Staaten und ihrer Medien begriffen werden. Die Proteste, die anderswo nicht mehr geäußert werden können, werden nun in die Kunst getragen – von Menschen, die im Nationalstaat und seinen Apparaten keinen Platz finden, von »Nomaden«, wie es, etwas romantisierend, manchmal heißt.

Zugleich stellen die neuen diskursiven Gebrauchsformen der Kunst die alte bürgerliche Idee des Autonomen in einen größeren Zusammenhang. Das im Zuge der gesellschaftlichen Ausdifferenzierung sich als »autonom« isolierende Werk war, genau besehen, schon immer heteronom. Gerade indem es sich von gesellschaftlicher Nützlichkeit lossagte, wurde es nützlich.

Das autonome Werk war, ob als Erfrischung und Stärkung der von ihrer Erwerbstätigkeit Gebeutelten oder als Aussicht auf Besseres, das Andere des kapitalistischen Prozesses. So gehörte es aber zu diesem Prozess hinzu wie der Urlaub zur Arbeitszeit. Sein gesellschaftliches Verhältnis erhellte gerade daraus, dass es dieses Verhältnis bewusst ausblendete, ja abwies. Es gehörte in seiner Unweltlichkeit zur Welt. Diese Dialektik ist schon in der wohl frühesten Theorie der Kunstautonomie, Ende des 18. Jahrhunderts bei Karl Philipp Moritz, durchschaut worden: Das von der Kunst imitierte »Schöne« entstehe, so Moritz, nur, indem das Mangelhafte und Kontingente ausgeschlossen werde, doch begreife es gerade dadurch »alles Wirkliche in sich«, ja, es erkenne sich immer als »Theil« des Ganzen. (Moritz 2009: 64)

Die Künstlerinnen und Künstler, die ihre Tätigkeit nun ganz explizit als Teil des Ganzen, als Teil einer (utopischen) Gesellschaft, als Teil eines Kampfes sehen, machen lediglich offensichtlich, was früher bloß verdeckt war. Das Kunstwerk ändert dadurch allerdings seinen Charakter, es verlagert seinen Schwerpunkt vom Objekt zum Kontext, es wird selbst von einem bloßen Punkt zu einem Kreuzungspunkt, von einem Abgehobenen zu einer Kristallisation. Es wird von einem Unsagbaren zur Anregung dazu, vieles, auch Krudes, auch Gegensätzliches, auch vorerst Unverständliches zu sagen. Seine Vieldeutigkeit erhebt Protest gegen die eindeutigen Anweisungen von oben, gegen das Schnarren der Befehle. In einer Welt, die sich zu Kolonnen formiert, fällt es aus dem Tritt. Die Kunst, die sich so oft zur Handlangerin der Schlächter gemacht hat, stellt sich auf die Seite der Deserteure. Ob daraus etwas von politischer Bedeutung wird, muss sich zeigen, aber allein schon die Raserei, mit der die Herrschenden und ihre Lakaien diese zarten Keime auszutreten versuchen, lässt hoffen, dass sie aufgehen werden.

Literaturverzeichnis

Adorno, Theodor W. 2003: Ästhetische Theorie, Frankfurt a. M. [1970].

Ali, Tariq 2020: Starmer's War, New Left Review, Sidecar, 15.12.

Althusser, Louis 2009: Sur le Contrat Social, Einführung von Patrick Hochart, Houilles.

Althusser, Louis 2011: Sur la reproduction, Vorwort von Étienne Balibar, Einführung von Jacques Bidet, Paris.

Amable, Bruno / Palombarini, Stefano 2021: The Last Neoliberal. Macron and the Origins of France's Political Crisis, übersetzt von David Broder, London / New York.

Anderson, Grey 2023: Weapon of Power, Matrix of Management. NATO's Hegemonic Formula, New Left Review, Nr. 140/141, März–Juni, S. 5– 34.

[Anonym] 1969: Hongkong-Grippe. Wie eiskalt, Der Spiegel, Nr. 4, S. 114f.

Bachman, Jeffrey S. / Ruiz, Esther Brito 2024: The geopolitics of human suffering. A comparative study of media coverage of the conflicts in Yemen and Ukraine, Third World Quaterly, Nr. 1, S. 24–42.

Baerbock, Annalena / Sievers, Christian 2024: [Interview mit Annalena Baerbock beim Treffen der G7 auf Capri], heute journal, 18.4.

Balibar, Étienne / Birnbaum, Jean 2020: »L'histoire ne continuera pas comme avant« (Interview), Le Monde, 24.4.

Barel, Yves 1984: La société du vide, Paris.

Barenboim, Michael / Siegmund, Norbert 2024: »Die Menschenrechte gelten für alle, außer anscheinend für Palästinenser« (Interview), RBB 24, 10.5.

Baron, Christian 2021: Politik der Hochmütigen. Ungeimpfte beschimpfen, vom sozialen Versagen der Regierenden aber schweigen – so wird die Pandemie nicht enden, Der Freitag, 2.12.

Bazlen, Roberto 1984: Scritti, Mailand.

Becker, Jörg 2024: Medien im Krieg – Krieg in den Medien, 2. Auflage, Wiesbaden.

Beham, Mira 1996: Kriegstrommeln. Medien, Krieg und Politik. Mit einem Vorwort von Peter Glotz, 2. Auflage, München.

Benda, Julien 1958: La trahison des clercs, Vorwort von René Etiemble, Paris [1927; auch deutsch].

Benjamin, Walter 2021: Zentralpark, in: Ders.: Gesammelte Schriften, hg. von Rolf Tiedemann und Hermann Schweppenhäuser, Bd. I.2, 10. Auflage, Berlin, S. 655–690.

Betschka, Julius / Kluge, Christoph M. 2020: Schreitheater. Am Rosa Luxemburg-Platz demonstrieren 500 Verschwörungstheoretiker, linke und rechte Aktivisten. Die Versammlung ist illegal, die Polizei schreitet ein. Die Volksbühne prüft rechtliche Schritte, Tagesspiegel, 20.4.

Bevins, Vincent 2023: Die Jakarta-Methode. Wie ein mörderisches Programm Washingtons unsere Welt bis heute prägt, übersetzt und mit einem Nachwort von Glenn Jäger, Köln [2020/21].

Blanchot, Maurice 1996: Les intellectuels en question. Ébauche d'une réflexion, Paris [auch deutsch].

Blankenagel, Mechtild 2021: Corona in der Gesellschaft. Zu viele Fragen: Outing einer Nicht-Geimpften, Berliner Zeitung, 30.8.

Blumenthal, Max / Maté, Aaron 2024: Screams without proof: questions for NYT about shoddy »Hamas mass rape« report, The Grayzone, 10.1.

Bohnstingl, René / Obermayr, Linda Lilith / Reitter, Karl 2023: Corona als gesellschaftliches Verhältnis. Brüche und Umwälzungen im kapitalistischen Herrschaftssystem, Kassel.

Bonacker, Thorsten / Imbusch, Peter 2010: Zentrale Begriffe der Friedens und Konfliktforschung: Konflikt, Gewalt, Krieg, Frieden, in: Peter Imbusch / Ralf Zoll (Hg.): Friedens- und Konfliktforschung. Eine Einführung, 5. Auflage, Wiesbaden, S. 67–142.

Bourrinet, Philippe 2020: Capitalisme, guerres, pandémie. La crise mortelle de 2020, Academia.edu.

Bourke, Joanna (Hg.) 2017: War and Art. A Visual History of Modern Conflict, London.

Brecht, Bertolt 1958: Schweyk im Zweiten Weltkrieg, in: Ders.: Stücke, hg. von Elisabeth Hauptmann, Band X, Berlin/DDR, S. 5–131 [1943].

Brecht, Bertolt 2007: Die Gedichte, hg. von Jan Knopf, Frankfurt a. M.

Breitz, Candice 2024: A Song for Esther. In Memory of Esther Bejarano, unveröffentlichtes Skript des Vortrags bei der Veranstaltung »Anatomie eines Vorfalls«, Saarbrücken, Filmhaus, 15.5.

Bundesamt für Verfassungsschutz: Verfassungsschutzelevante Delegitimierung des Staates, Verfassungsschutz.de [28.4.2024].

Bündnis 90 / Die Grünen, Bundestagsfraktion 2024: Konstantin von Notz zum mutmaßlich abgehörten Taurus-Gespräch, 2.3.

Butler, Judith 2023: The Compass of Mourning, London Review of Books, Nr. 20, 19.10.

Butler, Judith / Hesse, Michael 2023: »Die Gräueltaten waren entsetzlich« (Interview), Frankfurter Rundschau, 17.11.

Canclini, Néstor García 2014: Art beyond Itself. Anthropology for a Society without a Story Line, übersetzt von David Frye, Durham / London.

Chalabi, Mona 2024: Settler violence against Palestinians in the West Bank – visualized, The Guardian, 23.4.

Colas, Dominique 2023: Les statues de Lénine en Russie et en Ukraine: destins contrastés, in: Sarah Gensburger / Jenny Wüstenberg (Hg.): Décommémoration. Quand le monde déboulonne des statues et renomme des rues, Paris, S. 99–107.

De Bruyn, Eric C. H. 2023: Missed Encounters: Introduction to Documenta 15 Dossier, Grey Room, Nr. 92, S. 64–73.

Demos, T. J. 2023: On Documenta 15, Grey Room, Nr. 92, S. 125–130.

Desbiolles, Alice u. a. 2021: »D'abord ne pas nuire«: pour des mesures anti-Covid-19 en accord avec le principe premier de la médecine, Le Monde, 7.5., S. 27.

Düsing, Mechtild 1979: Staatsverleumdung aufgrund von § 90a StGB. Die Auswirkungen des § 90a StGB und seine Vereinbarkeit mit dem Grundrecht der Meinungs- und Pressefreiheit Art. 5 Abs. 1 GG, in: 3. Internationales Russell-Tribunal. Zur Situation der Menschenrechte in der Bundesrepublik Deutschland. Band 3: Gutachten, Dokumente, Verhandlungen der 2. Sitzungsperiode. Teil 1: Zensur, S. 101–120.

Eagleton, Terry 2024: Where does culture come from?, London Review of Books, Nr. 8, S. 5–7.

Eichel, Hans (Hg.) 2015: 60 Jahre documenta. Die lokale Geschichte einer Globalisierung, Berlin / Kassel.

Elss-Seringhaus, Cathrin 2024: Breitz fordert Saarländer zu Kunst-Protest auf, Saarbrücker Zeitung, 17.5., S. B 5.

Enskat, Sebastian / Fischer-Bollin, Peter 2022: Die Stärkung einer werte- und regelbasierten Weltordnung. In: Konrad-Adenauer-Stiftung (Hg.): Nach der »Zeitenwende«. Der neue Partner-Atlas für die deutsche Außenpolitik, Berlin, S. 13–17.

Europäische Union 2007: Vertrag von Lissabon zur Änderung des Vertrags über die Europäische Union und des Vertrags zur Gründung der Europäischen Gemeinschaft, unterzeichnet in Lissabon am 13. Dezember 2007, Eur-Lex, Document C2007/306/01.

Falkenhausen, Susanne von 1991: Die Moderne in Italien: Avantgarde – Faschismus – Rezeption, in: Stefan Germer / Achim Preiß (Hg.): Giuseppe Terragni. 1904–43. Moderne und Faschismus in Italien, München, S. 21–38.

Fanizadeh, Andreas 2022: Antisemitismus auf der Documenta. Waterloo der Postkolonialen, Taz, 21.6.

Favre, Claude 2023: Thermos fêlé, Billère.

Fediunin, Jules Sergei / Richard, Hélène 2024: La Russie est-elle impérialiste?, Le Monde diplomatique, Nr. 838, Januar, S. 12f.

Fischer, Fritz 2009: Griff nach der Weltmacht. Die Kriegszielpolitik des kaiserlichen Deutschland 1914/18, Düsseldorf [1961].

Fischer, Joseph 1999: Wortlaut. Auszüge aus der Fischer-Rede, Der Spiegel, 13.5.

Foster, John Bellamy 2021: The New Cold War on China, Monthly Review, Nr. 3, Juli/August.

Fox, Jo 2017: Propaganda, Art and War, in: Joanna Bourke (Hg.): War and Art. A Visual History of Modern Conflict, London, S. 196–202.

Franke, Ulrike / Martens, Michael 2022: »Meine Generation versteht nichts von Machtpolitik« (Interview), FAS, 27.2, S. 4.

Frankenberg, Günter 2022: Leviathan mit Schnabelmaske. Zum Autoritarismus von Gefahrenabwehr- und Infektionsschutzrecht, in: Ders. / Wilhelm Heitmeyer (Hg.): Treiber des Autoritären. Pfade von Entwicklungen zu Beginn des 21. Jahrhunderts, Frankfurt a. M. / New York.

Fülberth, Georg 2007: Finis Germaniae. Deutsche Geschichte seit 1945, Köln.

Gass, Lars Henrik / Scheiner, Andreas 2024: »Antisemitismus gehört mittlerweile zum kulturellen Code« (Interview), Neue Zürcher Zeitung, 3.5.

Gérard, Mathilde 2021: L'insécurité alimentaire en forte hausse. La pandémie de Covid-19 a aggravé la faim chronique, qui concerne 9,9 % de la population mondiale, alertent cinq agences de l'ONU, Le Monde, 14./15.7., S. 6f.

Goetz, John / Biallas, Manuel 2024: Als Reaktion auf Kritik: Bildungsministerium wollte Fördermittel streichen, Das Erste, Panorama, 11.6.

Goldstein, Andreas 2016: Historische Subjekte. Notizen zur DEFA und ihren »Westfilmen« in den 1950er und frühen 1960er Jahren, in: Claudia Dillmann / Olaf Möller (Hg.): Geliebt und verdrängt. Das Kino der jungen Bundesrepublik Deutschland von 1949 bis 1963, München / Locarno, S. 341–353.

Goodman, Amy 2024: 60+ Journalism Profs Demand Investigation into Controversial NYT Article Alleging Mass Rape on Oct. 7, Democracy Now!, 8.5.

Gremium zur fachwissenschaftlichen Begleitung der documenta fifteen 2023: Abschlussbericht, documenta.de, 2.2.

Gresh, Alain 2024a: »Tsahal« dans votre salon, Le Monde diplomatique, Nr. 830, Mai, S. 10.

Gresh, Alain 2024b: De Kiev à Gaza, le »reste du monde« refuse la docilité, Le Monde diplomatique. Manière de voir, Nr. 195, Juni/Juli, S. 43–45.

Grütters, Monika 2021: Hier spielt die Zukunftsmusik! Eine Milliarde für den »Neustart Kultur«, in: Olaf Zimmermann / Theo Geißler (Hg.): Die Corona Chroniken Teil 1. Corona vs. Kultur in Deutschland, Berlin, S. 420–422.

Guggenberger, Jonathan 2023: Abwege des Aktivismus in der Kunst. Vom Pogrom zur »Poetic Justice«, Taz, 20.11.

Habeck, Robert 2023: Rede zu Israel und Antisemitismus, Bundesministerium für Wirtschaft und Klimaschutz, 1.11.

Habermas, Jürgen 2019: Legitimationsprobleme im Spätkapitalismus, 14. Auflage, Frankfurt a. M. [1973].

Handke, Peter 1996: Eine winterliche Reise zu den Flüssen Donau, Save, Morawa und Drina oder Gerechtigkeit für Serbien, Frankfurt a. M.

Handke, Peter 2000: Unter Tränen fragend. Nachträgliche Aufzeichnungen von zwei Jugoslawien-Durchquerungen im Krieg, März und April 1999, Frankfurt a. M.

Hanloser, Gerhard 2020: Corona-Demo. Hipster sind es wohl nicht. Aber was für ein Milieu hat sich da in Berlin gezeigt? Unser Autor ist samt Pierre Bourdieu mitgelaufen, Der Freitag, Nr. 32.

Hanloser, Gerhard / Nowak, Peter / Seeck, Anne (Hg.) 2021: Corona und linke Kritik(un)fähigkeit. Kritisch-solidarische Perspektiven »von unten« gegen die Alternativlosigkeit »von oben«, Neu-Ulm.

Hauenstein, Hanno 2023: Why Is Germany Cracking Down on Pro-Palestine Protest?, The Nation, 30.10.

Hauenstein, Hanno 2024: Israeldiskurs in Deutschland. Die Drecksarbeit der liberalen Mitte, WOZ. Die Wochenzeitung, Nr. 18, 2.5.

Hauenstein, Hanno / Weizman, Eyal 2023: Der zurückfliegende Bumerang. Die documenta fifteen, deutsche Debatten und Leerstellen, in: Jürgen Zimmerer (Hg.): Erinnerungskämpfe. Neues deutsches Geschichtsbewusstsein, Ditzingen, S. 328–351.

Haury, Thomas 2024: Israelbezogener Antisemitismus, in: Peter Ullrich, Sina Arnold, Anna Danilina, Klaus Holz, Uffa Jensen, Ingolf Seidel, Jan Weyand (Hg.): Was ist Antisemitismus? Begriffe und Definitionen von Judenfeindschaft, Göttingen, S. 42–50.

Heinich, Nathalie 2014: Le paradigme de l'art contemporain. Structures d'une révolution artistique, Paris.

Heinich, Nathalie 2023: Le wokisme serait-il un totalitarisme? Paris.

Hitler, Adolf 1934: Adolf Hitler spricht. Ein Lexikon des Nationalsozialismus, Leipzig.

Hütt, Wolfgang (Hg.) 1990: Hintergrund. Mit den Unzüchtigkeits- und Gotteslästerungsparagraphen des Strafgesetzbuches gegen Kunst und Künstler 1900–1933, Berlin.

Imbert, Louis 2024a: Israël reconfigure la bande de Gaza à sa main, Le Monde, 4.5., S. 4f.

Imbert, Louis 2024b: Israël: profond désaccord entre Nétanyahou et l'armée sur Gaza, Le Monde, 18.5., S. 4.

Internationaler Gerichtshof 2024: Order of 24 May 2024. Application of the Convention on the Prevention and Punishment of the Crime of Genocide in the Gaza Strip (South Africa *v.* Israel).

Ishchenko, Volodymyr 2022: Towards the Abyss (Interview), New Left Review, Nr. 133/134, Januar–April.

Jameson, Fredric 2007: Jameson on Jameson. Conversations on Cultural Marxism, hg. von Ian Buchanan, Durham / London.

Jameson, Fredric 2008: Fables of Aggression. Wyndham Lewis, the Modernist as Fascist, London / New York [1979].

Jameson, Fredric 2010: Valences of the Dialectic, London / New York.

Jameson, Fredric 2012: A Singular Modernity, London / New York [2002].

Jamin, Peter 2006: Der Handke-Skandal. Wie die Debatte um den Heinrich-Heine-Preis unsere Kultur-Gesellschaft entblößte, Remscheid-Lüttringhausen.

Jobst, Kerstin S. 2022: Geschichte der Ukraine, aktualisierte und erweiterte Neuausgabe, Ditzingen.

Juneja, Monica / Ziebritzki, Jo 2023: Learning with Documenta 15: Principles, Practices, Problems, Grey Room, Nr. 92, S. 94–105.

Kahane, Leon / Berins, Lisa 2024: »Das Feindbild wird gleich mitgeliefert« (Interview), Frankfurter Rundschau, 15.3.

Kaube, Jürgen 2015: Einleitung, in: Karl Mannheim: Ideologie und Utopie, 9. Auflage, Frankfurt a. M., S. VII–XVI.

Kaube, Jürgen 2017: Die Anfänge von allem, Berlin.

Kaube, Jürgen 2021: Vorwort, in: Monika Maron: Was ist eigentlich los? Ausgewählte Essays aus vier Jahrzehnten, Hamburg, S. 7–16.

Kaube, Jürgen 2024a: Eine Illusion von Wirksamkeit, FAZ, 6.1.

Kaube, Jürgen 2024b: Kindermord als Form des Freiheitskampfes, FAZ, 6.3.

Kaube, Jürgen 2024c: Ist die Meinungsfreiheit in Gefahr?, FAZ, 13.5.

Kaube, Jürgen 2024d: Die hohlen Sprüche der SPD im Europawahlkampf, FAZ, 27.5.

Kessler, Tobias 2024: »Antisemitin bin ich nur in Deutschland, glücklicherweise«. Blick auf die Zuschauerdebatte: Die Fragerunde nach dem Vortrag von Candice Breitz bot keine Kontroversen – aber man erfuhr doch einiges, Saarbrücker Zeitung, 17.5., S. B5.

Kienzle, Michael 1980: Logophobie. Zensur und Selbstzensur in der BRD. Ein geschichtlicher Abriß. In: Ders. und Dirk Mende (Hg.): Zensur in der BRD. Fakten und Analysen, München, Wien, S. 15–46.

Kimpel, Harald 2002: documenta. Die Überschau. Fünf Jahrzehnte Weltkunstausstellung in Stichwörtern, Köln.

Kimpel, Harald / Berins, Lisa 2024: »Lassen wir es gut sein« (Interview), Frankfurter Rundschau, 27.2.

Kohler, Berthold 2022: Wieder Krieg. Deutschland ist aufgewacht – in Putins Welt. Begreift es schon, was das bedeutet?, FAS, 27.2., S. 1.

Kohler, Michael 2023: Angebliche »BDS-Propaganda«. Das sagt die Bundeskunsthalle zu Volker Becks Vorwürfen, Kölner Stadt-Anzeiger, 16.6.

Komma-Pöllath, Thilo 2022: Karl Lauterbachs seriöser Gegner. Steffen Rabe ist Kinderarzt – und scharfer Kritiker der deutschen Corona-Politik. Talkshows laden ihn lieber aus, Der Freitag, 10.2., S. 3.

Krass, Sebastian 2024: Freistaat kürzt LMU-Professor Meyen das Gehalt, Süddeutsche Zeitung, 3.5.

Krüger, Udo Michael / Müller, Christiane 2023: Berichterstattung in Zeiten der Corona-Krise. Ein Nachrichtenporträt von »Tagesschau« und »heute«, Baden-Baden.

Landenberger, Yelizaveta 2024: Kiew Perenniale in Berlin. Die Kunst liegt in Scherben, FAZ, 2.3.

Lederer, Klaus / Beucker, Pascal / Reinecke, Stefan 2022: Gretchenfrage Russland (Interview), Taz, 22.6.

Lehmann, Johannes F. 2022: Aus dem pandemischen Jetzt, Der Freitag, 6.1.

Lewis, Wyndham 1931: Hitler, London.

Linder, Fabian 2024: Militarisierung der Bildung. Bayern: »Gesetz zur Förderung der Bundeswehr« im Landtag. Widerstand gegen Vorhaben der Landesregierung hält an, junge Welt, 18.4.2024.

Lobo, Sascha 2022: Der deutsche Lumpenpazifismus, Spiegel-Netzwelt, 20.4.

Lorenz, Matthias N. 2009: Literatur und Zensur in der Demokratie. Die Bundesrepublik und die Freiheit der Kunst, Göttingen.

Luhmann, Niklas 1996: Protest. Systemtheorie und soziale Bewegungen, hg. von Kai-Uwe Hellmann, Frankfurt a. M.

Maase, Kaspar 2000: »Give peace a chance« – Massenkultur und Mentalitätswandel. Eine Problemskizze. In: Thomas Kühne: Von der Kriegskultur zur Friedenskultur. Zum Mentalitätswandel in Deutschland seit 1945, Münster, Hamburg, London, S. 262–279.

Mann, Michael 2024: Explaining the Irrationality of War, New Left Review, Nr. 145, Januar/Februar, S. 5–25.

Marshall, Alex 2023: German Cultural Scene Navigates a Clampdown on Criticism of Israel. A torrent of events is threatening Germany's reputation as a haven for artistic freedom, New York Times, 7.12.

Mau, Steffen 2007: Transnationale Vergesellschaftung. Die Entgrenzung sozialer Lebenswelten, Frankfurt a. M. / New York.

Maurer, Marcus / Reinemann, Carsten / Kruschinski, Simon 2021: Einseitig, unkritisch, regierungsnah? Eine empirische Studie zur Qualität der journalistischen Berichterstattung über die Corona-Pandemie, Rudolf-Augstein-Stiftung.de.

Maurer, Marcus / Haßler, Jörg / Jost, Pablo 2023: Die Qualität der Medienberichterstattung über den Ukrainekrieg. Forschungsbericht für die Otto Brenner Stiftung, 31.1., Otto-Brenner-Stiftung.de.

Merkel, Angela 2020: Fernsehansprache von Bundeskanzlerin Angela Merkel, Pressemitteilung 100, Presse- und Informationsamt der Bundesregierung (BPA).

Minow, Hans-Rüdiger 2006: Benutzt und gesteuert – Künstler im Netz der CIA, Dokumentarfilm.

Mohr, Reinhard 2024: Stalin, Che Guevara, Mao Zedong: Der fanatische Glaube hat schon immer den Verstand ersetzt. Intellektuelle verklärten dabei selbst Massenmörder, Neue Zürcher Zeitung, 18.5.

Mommsen, Wolfgang J. 1996: Einleitung: Die deutschen kulturellen Eliten im Ersten Weltkrieg, in: Ders. und Elisabeth Müller-Luckner (Hg.): Kultur und Krieg. Die Rolle der Intellektuellen, Künstler und Schriftsteller im Ersten Weltkrieg, München.

Moritz, Karl Philipp 2009: Über die bildende Nachahmung des Schönen [1788], in: Ders.: Die Signatur des Schönen und andere Schriften zur Begründung der Autonomieästhetik, hg. von Stefan Ripplinger, Hamburg, S. 27–68.

Morovich, Enrico 2024: Alltägliche Wunder. Erzählungen, hg. von Hans Raimund, Wien [1938].

Morse, Tal 2018: The Mourning News. Reporting Violent Death in a Global Age, New York / Bern / Frankfurt a. M. / Berlin u. a.

Mraffko, Clothilde 2024: Néguev: les Bédouins pris entre la guerre à Gaza et l'État israélien, Le Monde, 31.5., S. 4.

Müller, Margret 2017: The World According to Israeli Newspapers. Representations of International Involvement in the Israeli-Palestinian Conflict, Berlin.

Nardi, Marcia / Williams, William Carlos 1994: The Last Word. Letters, hg. von Elizabeth Murrie O'Neil, Iowa City.

Njami, Simon / Yan, Gong / Rhomberg, Kathrin / Rodríguez, María Inés 2023: Documenta Resignation Letter, e-flux, 16.11.

Ofrath, Avner 2024: Anatomie der Gewalt. Zum Israel/Palästina-Konflikt, Merkur, Nr. 900, Mai, S. 5–18.

Oltermann, Philip 2024: Israeli director receives death threats after officials call Berlin film festival »antisemitic«, The Guardian, 27.2.

Otte, Carsten 2023: Debatte um Autorin Adania Shibli. Schatten auf der Buchmesse, Taz, 10.10.

Petro, Nicolai N. 2023: The Tragedy of Ukraine. What Classical Greek Tragedy Can Teach Us About Conflict Resolution, Berlin/Boston.

Piatov, Filipp 2024: Das ist ein Dammbruch, B. Z., 11.5.

Podol's'kyi, Anatolij 2008: Der widerwillige Blick zurück. Judentum und Holocaust in der ukrainischen Erinnerung, Osteuropa, Nr. 8–10, S. 445–454.

Pohrt, Wolfgang 2020: Das Jahr danach. Texte und Kommentare 1990–1992 (Werke, 7), hg. von Klaus Bittermann, Berlin.

Polizei Berlin 2024: Verfügung vom 3. Mai 2024.

Poulantzas, Nicos 1974: Les classes sociales dans le capitalisme aujourd'hui, Paris [auch deutsch].

Poulantzas, Nicos 2013: L'État, le pouvoir, le socialisme, Paris [1978; auch deutsch].

Presiado, Mor / Frank Jacob 2020: Introduction: War and Creativity. In: Dies. (Hg.): War and Art. The Portrayal of Destruction and Mass Violence, Paderborn, S. 1–25.

Ranan, David 2018: Muslimischer Antisemitismus. Eine Gefahr für den gesellschaftlichen Frieden in Deutschland?, Bonn.

Rapp, Tobias 2023: Kriegsdienst. Warum ich heute nicht mehr verweigern würde, Der Spiegel, Nr. 8, 19.2.

Rapp, Tobias 2024a: Tag der Anerkennung. Das Zeitalter des ewigen Friedens ist vorbei, Leitartikel, Spiegel Kultur, 25.4.

Rapp, Tobias 2024b: Eine Debatte, die immer tiefer in die Sektenlogik führt. Ein Essay, Spiegel Kultur, 4.5.

Redaktion Gegenstandpunkt 2024: Populistischer Antiimperialismus, Gegenstandpunkt, Nr 1, S. 76–78.

Retz, Jean François Paul de Gond, cardinal de 1909: Mémoires. Pamphlets. Conjuration de Fiesque. Correspondance, hg. von Charles Verrier, 2. Auflage, Paris.

Ripplinger, Stefan 1997: Peter hinter den Spiegeln, in: Wolfgang Schneider (Hg.): Bei Andruck Mord. Die deutsche Propaganda und der Balkankrieg, Hamburg, S. 232–240.

Ripplinger, Stefan 2019: Kommunistische Kunst und andere Beiträge zur Ästhetik, Hamburg.

Rosenbrück, Jonas 2024: An der Seite Israels, Merkur, Nr. 900, Mai, S. 19–32.

Roth, Karl Heinz 2022: Blinde Passagiere. Die Coronakrise und die Folgen, München.

Ruangrupa 2022: Gehen, finden, teilen. Ein illustriertes Begleitbuch zur documenta fifteen, Berlin.

Said, Edward W. 1992: The Question of Palestine, New York [1979].

Sanguinetti, Gianfranco 2023: Bilancio del primo anno di guerra in Ucraina, Effimera, 8.3.

Sartre, Jean-Paul 1960: Critique de la raison dialectique, Bd. 1: Théorie des ensembles pratiques, Paris [auch deutsch].

Schaerf, Eran 2023: Gesammeltes Deutsch, Wien/Linz/Berlin u. a.

Schaerf, Eran / Ripplinger, Stefan 2024: »Identifizierung ist die Vorstufe der Stigmatisierung«. Wie deutsche Kulturinstitutionen »problematische Gesinnung« aufspüren (Interview), Junge Welt, 1.2., S. 3.

Scharf, Simon 2020: Endstation Solidarität? Sprachliche Entwürfe zum gesellschaftlichen Zusammenhalt zwischen »Systemrelevanz« und Kriegszustand, in: Michael Volkmer, Karin Werner (Hg.): Die Corona-Gesellschaft. Analysen zur Lage und Perspektiven für die Zukunft, Bielefeld, S. 185–193.

Scheben, Helmut 2023: Der Krieg und die Leitmedien, Emma, 31.7.

Schlott, René 2020: Um jeden Preis? Die offene Gesellschaft wird erwürgt, um sie zu retten. Ein besorgter Zwischenruf, Süddeutsche Zeitung, 17.3.

Schmidt, Thomas 2022: Das Fasziensystem der deutschen Kulturpolitik. Für eine ganzheitliche und nachhaltige kulturpolitische Förderarchitektur, in: Wolfgang Schneider, Fonds Darstellende Künste e.V. (Hg.): Transformationen der Theaterlandschaft. Zur Fördersituation der Freien Darstellenden Künste in Deutschland, 2. Auflage, Bielefeld, S. 581–648.

Schneider, Ulrich 2022: Antisemitismus-Skandal auf der documenta 15? Zur Auseinandersetzung um das Kunstwerk von Taring Padi, UZ, 1.7., S. 11.

Schobert, Alfred 2009: In der Mühle der binären Reduktion. Arundhati Roys Rede in Mumbai im Krieg der Medien, in: Ders.: Analysen und Essays. Extreme Rechte – Geschichtspolitik – Poststrukturalismus, hg. von Martin Dietzsch, Siegfried Jäger und Moshe Zuckermann, Münster, S. 93–104.

Scholz, Olaf 2023: Neujahrsansprache des Bundeskanzlers der Bundesrepublik Deutschland, Bundesregierung.de, 31.12.

Schularick, Moritz 2024: Wir müssen aufrüsten für den Wohlstand, Der Spiegel, Nr. 14.

Schüttpelz, Erhard 2023: Die Documenta nach ihrem Ende (18.2.2023), Merkur, Blog, 21.2.

Seurat, Leila 2024: Le Hamas revendique désormais le leadership du mouvement palestinien, Le Monde diplomatique, Nr. 838, Januar, S. 18f.

Shatz, Adam 2024: Israel's Descent, London Review of Books, Nr. 12, 20.6., S. 3–8.

Shohat, Gil 2024: In der Kriegsblase. Die Stimmung in Israel könnte nationalistischer kaum sein – doch gibt es auch andere Stimmen, Rosa-Luxemburg-Stiftung, Tel Aviv, Newsletter 2, 29.2.

Siebenhaar, Klaus 2022: documenta. Die Geschichte der Weltkunst-Ausstellung 1955–2022, Berlin.

Simmerl, Georg 2024: Nach der Zäsur. Versuch eines vorausschauenden Rückblicks auf die documenta 15, Merkur, Nr. 898, März.

Simpson, John 2023: Why BBC doesn't call Hamas militants »terrorists«, BBC.com, 11.10.

Smolar, Piotr 2022: La guerre américaine de Joe Biden. Washington veut croire en la victoire de Kiev et faire de ce conflit un »échec stratégique« pour le Kremlin, Le Monde, 6.5., S. 2.

Solty, Ingar 2024: Die innere Zeitenwende. Die liberalen Kräfte betreiben schon heute das Geschäft der Rechten. Die Atmosphäre in Deutschland wird immer martialischer, Berliner Zeitung, 18.5.

Soussi, Alasdair 2023: »I am not an anti-Semite«: Pro-Palestine artists cancelled across Europe, Aljazeera.com, 30.11.

Stakemeier, Kerstin 2024: Ruined Sense/s: Jumana Manna at Heidelberger Kunstverein, an Exhibition That Wasn't, Mousse Magazine, 27.2.

Steinmeier, Frank-Walter 2022: Bundespräsident Frank-Walter Steinmeier bei der Eröffnung der documenta fifteen am 18. Juni 2022 in Kassel, Bundesprädialamt.

Stern, Kenneth / Lenz, Susanne 2024: IHRA-Definition in Berlin missbraucht (Interview), Berliner Zeitung, 22.1.

Streichert-Clivot, Christine / Elss-Seringhaus, Cathrin 2024: »Keine Veranlassung«, Breitz einzuladen (Interview), Saarbrücker Zeitung, 9.2., S. B5.

Struck, Lothar 2013: »Der mit seinem Jugoslawien«. Peter Handke im Spannungsfeld zwischen Literatur, Medien und Politik, 2. Auflage, Leipzig / Weißenfels.

Susman, Margarete 2022: Die geistigen Triebkräfte des modernen Kollektivismus, in: Dies.: Gesammelte Schriften, hg. von Anke Gilleir und Barbara Hahn, Bd. 1, Göttingen, S. 539–569 [1939].

Thatcher, Margaret 1987: Interview for »Woman's Own«, 23.9., Margaret Thatcher Foundation, Dokument 106689.

Toynbee, Arnold J. 1958: Krieg und Kultur. Der Militarismus im Leben der Völker, übers. von Heinrich Mattutat, Frankfurt a. M.

Tretjakow, Sergej 1985: Rede in Moskau 1934, in: Ders.: Gesichter der Avantgarde. Porträts – Essays – Briefe, hg. von Fritz Mierau, Berlin/DDR, Weimar, S. 115–120.

Ungern-Sternberg, Jürgen und Wolfgang von 1996: Der Aufruf »An die Kulturwelt!«. Das Manifest der 93 und die Anfänge der Kriegspropaganda im Ersten Weltkrieg, Stuttgart.

Urmann, Henry / Weißbach, Hans-Jürgen 2023: Poetic Justice des Globalen Südens. Eine Analyse des Skandalbilds People's Justice von Taring Padi, Dortmund.

Valéry, Paul 2023: Cours de poétique, hg. von William Marx, zweiter Band, Paris.

Varoufakis, Yanis 2024: Warum müssen wir über Palästina reden? Lügen und Legenden rund um Israels Waffengang in Gaza, junge Welt, Beilage »Wir klagen an!«, 8./9.5., S. 2f.

Vehlewald, H[ans]-J[örg] 2024: Die Universitäter. Israel-Hass an Berliner Unis. Lehrkräfte unterstützen den Studenten-Mob, B. Z., 11.5.

Velie, Elaine 2023: Jewish Artist Targeted in Germany Over Pro-Palestine Stance, Hyperallergic, 31.1.

Vescovi, Thomas 2023: L'échec de la solution à deux États, Le Monde diplomatique, Nr. 836, November, S. 14f.

Volmer, Ludger 2009: Die Grünen. Von der Protestbewegung zur etablierten Partei – Eine Bilanz, München.

Wahl, Peter 2023: Der Krieg und die Linken. Bellizistische Narrative, Kriegsschuld-Debatten und Kompromiss-Frieden. Eine Flugschrift, Hamburg.

Weidel, Alice / Chrupulla, Tino / Fraktion AfD 2022: Jetzt Konsequenzen aus dem Antisemitismus-Skandal auf der documenta ziehen – Förderung des Postkolonialismus umgehend einstellen, Deutscher Bundestag, 20. Wahlperiode, Drucksache 20/2598, 6.7.

Werckmeister, Otto Karl 1971: Ende der Ästhetik, Frankfurt a. M.

Werckmeister, Otto Karl 1974: Ideologie und Kunst bei Marx u. a. Essays, Frankfurt a. M.

Werckmeister, Otto Karl 1989: Zitadellenkultur. Die Schöne Kunst des Untergangs in der Kultur der achtziger Jahre, München / Wien.

Weyand, Jan 2024: »Postkolonialer Antisemitismus«, in: Peter Ullrich, Sina Arnold, Anna Danilina, Klaus Holz, Uffa Jensen, Ingolf Seidel, Jan Weyand (Hg.): Was ist Antisemitismus? Begriffe und Definitionen von Judenfeindschaft, Göttingen, S. 50–56.

Wiarda, Jan-Martin 2021: Für die Jungen tickt die Uhr. Kinder müssen in dieser Pandemie jede Menge Leid ertragen. Warum muten Erwachsene ihnen das zu?, Der Freitag, 23.12.

Wilson, Sarah 2017: In the Heat of the Cold War, 1945–77, in: Joanna Bourke (Hg.): War and Art. A Visual History of Modern Conflict, London, S. 128–165.

Wohlfahrt, Norbert / Schillo, Johannes 2023: Die deutsche Kriegsmoral auf dem Vormarsch. Lektionen in patriotischem Denken über »westliche Werte«. Eine Flugschrift, Köln.

Zekri, Sonja 2024: Immer in Aufruhr. Die »Ruhrbarone« treten landesweite Debatten über Israel und den Nahostkonflikt los. Wer steckt hinter dem Blog? Ein Besuch in Bochum, Süddeutsche Zeitung, 23.2., S. 23.

Zimmermann, Olaf/Schulz, Gabriele 2021: Um Jahre zurückgeworfen. Kulturwirtschaft: Studien belegen dramatische Einbrüche durch die Pandemie, in: Olaf Zimmermann/Theo Geißler (Hg.): Die Corona Chroniken Teil 1. Corona vs. Kultur in Deutschland, Berlin, S. 96–98.

Zimmerman, Simone/Hassan, Mohamed 2024. Why so many young Jews are turning on Israel (Interview), The Big Picture, You Tube, 25.4.

Zuckermann, Moshe 2010: »Antisemit!«. Ein Vorwurf als Herrschaftsinstrument, 2. Auflage, Wien.

Zuckermann, Moshe 2019: Der allgegenwärtige Antisemit oder Die Angst der Deutschen vor der Vergangenheit. Mit einem Beitrag von Susann Witt-Stahl, 2. Auflage, Frankfurt a. M.

Die Übersetzungen im Fließtext stammen jeweils vom Verfasser.